MW01093601

EVANGELIO DE JUDAS

EVANGELIO
DE
JUDAS

Versión directa del copto, estudio y comentario de

José Montserrat Torrents

EDAF

ARCA DE SABIDURÍA

MADRID - MÉXICO - BUENOS AIRES - SAN JUAN - SANTIAGO

2006

Editorial EDAF, S. A.
Jorge Juan, 30. 28001 Madrid
http://www.edaf.net
edaf@edaf.net

Edaf y Morales, S. A.
Oriente, 180, nº 279. Colonia Moctezuma, 2da. Sec.
C. P. 15530. México, D. F.
http://www.edaf-y-morales.com.mx
edafmorales@edaf.net

Edaf del Plata, S. A.
Chile, 2222
1227 - Buenos Aires, Argentina
edafdelplata@edaf.net

Edaf Antillas, Inc
Av. J. T. Piñero, 1594 - Caparra Terrace (00921-1413)
San Juan, Puerto Rico
edafantillas@edaf.net

Edaf Chile, S.A.
Huérfanos, 1178 - Of. 506
Santiago - Chile
edafchile@edaf.net

2.ª edición, junio 2006

ISBN: 84-414-1807-1; 978-84-414-1807-3
Depósito legal: M-26.574-2006

PRINTED IN SPAIN IMPRESO EN ESPAÑA
Gráficas COFAS, S.A. - Pol. Ind. Prado de Regordoño - Móstoles (Madrid)

Índice

Prólogo

Supe de los gnósticos de Nag Hammadi, por primera vez, en 1962, en la Universidad Gregoriana de Roma, de la mano de Antonio Orbe, maestro y guía eficaz, el mejor experto en gnosis del último medio siglo. Orbe comentaba, sobre el texto copto, el tratado *Sobre el origen del mundo*. Y fue un mundo el que abrió ante mis ojos. Por lo pronto, comencé a estudiar la lengua copta con la gramática alemana de Steindorff. Luego, entre 1968 y 1970, en la Escuela de Altos Estudios de París-Sorbona, asistí a los cursos de textos coptos gnósticos de otro gran especialista, Henri-Charles Puech. Allí tuve por condiscípulo a Michel Tardieu, que actualmente ocupa la cátedra que tuvo Puech en el Collège de France. Puech solía interrumpir sus explicaciones para dirigirse a mí y preguntar: «¿Qué decía a esto el padre Orbe?».

Mi tesis de Filosofía en la Universidad de Barcelona versó sobre el gnosticismo valentiniano. Luego fui a pasar una temporada en Benarés para estudiar las *Upanishads* y *Shankara*, los gnósticos de la tradición védica. Al regresar publiqué dos volúmenes de textos gnósticos en la colección Clásicos Gredos (1983). A finales de los ochenta comencé a impartir clase de lengua copta, primero en la Universidad y luego, hasta el día de hoy, en la Escuela de Egiptología del Museo Egipcio de Barcelona. Fui publicando textos coptos de Nag Hammadi, primero en catalán (1990) y luego en castellano (1997-2003). Actualmente preparo, con Fernando Bermejo, una edición de textos maniqueos (Trotta, finales de 2007).

Las primeras noticias acerca de la recuperación del *Evangelio de Judas* llegaron al Museo Egipcio de Barcelona desde Suiza en 2001. La restauración del texto había sido confiada a Rodolphe Kasser, coptista de reconocido renombre. En la reunión de coptistas francófonos de Estrasburgo, en 2003, Kasser nos informó acerca de los trabajos de restauración y anunció un estricto silencio en torno al tema hasta el momento de la publicación, para garantizar la equidad del acceso al texto para todos los estudiosos. Luego se pudo comprobar que esta equidad tuvo algún quiebro. Por fin, el día 6 de marzo de 2006 la National Geographic Society, que había asumido las tareas de la restauración y de la publicación, presentó el texto copto restaurado y, con gran probidad científica, lo puso inmediatamente a disposición de los estudiosos en su página de Internet, junto con una traducción inglesa, esta protegida por *copyright*.

El día 7 de abril descargué e imprimí el texto copto del *Evangelio de Judas*. Me puse a leerlo y al instante me sentí transportado al frondoso mundo de la gnosis, a un universo de imágenes y conceptos que me era familiar desde hacía cuarenta y cuatro años. Y entonces sonó el teléfono: era mi editor de EDAF, que me proponía publicar un libro sobre el *Evangelio de Judas*, para lo que me daba el plazo de un mes. Me resistí. Pero enseguida levanté los ojos hacia las estanterías de libros que forran todas las paredes de mi estudio y vi que todo estaba allí. Podría hacer este libro sin salir de casa. Y acepté el desafío. He terminado la obra hoy, primero de mayo de 2006.

El *Evangelio de Judas* es una pieza más del complejo literario de la gnosis conservada en lengua copta. El redactor del texto griego, escrito a mediados del siglo II no era un maestro de la categoría de Valentín, de Ptolomeo o del autor del *Evangelio de la Verdad*. Pero su mediocre obrita tiene el extraordinario interés de reflejar el pensamiento de una escuela que había decidido reivindicar la figura de Judas Iscariote, el traidor por antonomasia, escuela que nos era conocida por una referencia de Ireneo de Lyon en el año 180. De acuerdo con esta obrita, Judas fue incitado por el propio Jesús a entregarlo, y no murió violentamente, sino que sobrevivió para convertirse en el guía de una comunidad gnóstica.

La exposición del contenido doctrinal del *Evangelio de Judas* requiere apoyarse en el pensamiento gnóstico de la rama setiana, sistema filosófico y teológico de extraordinaria complejidad, dividido por ende en varias corrientes. Esta dificultad, y el propósito de poner la comprensión de este texto al alcance del público culto en general, han dictado el procedimiento de este volumen.

De entrada, he prescindido de la terminología técnica que suelen emplear los especialistas, sustituyéndola por términos más comunes pero precisos. Así, por ejemplo, no uso el término «pleroma», sino su equivalente «Mundo Espiritual Superior». Por otra parte, he dividido la exposición doctrinal en dos momentos. En la Introducción he incluido una explicación sistemática de la doctrina gnóstica sobre Dios, el mundo y el hombre (Introducción, Sección Tercera). Luego, en el Comentario he explicado los mismos conceptos en cuanto que contenidos en el texto del *Evangelio de Judas*. Puesto que, como ya he afirmado, este Evangelio pertenece claramente a una determinada rama del gnosticismo, he aducido abundantes textos de otros documentos para poner de relieve esta dependencia.

También me ha parecido oportuno clarificar el concepto de «evangelio apócrifo» para rescatarlo del uso teológico y restituirlo a la crítica histórica (Introducción, Sección Primera). Y me ha parecido oportuno también incluir algunas reflexiones sobre el término «gnosis», sugeridas por mis contactos con los gnósticos de la India (Introducción, Sección Segunda).

La mayoría de textos citados son traducciones mías. Algunos son traducciones de A. Piñero, F. Bermejo, F. García Bazán y A. Quevedo. No uso abreviaturas. En la Introducción y en el Comentario he prescindido de las notas a pie de página.

Barcelona, 1 de mayo de 2006

Introducción general

Esta Introducción General comprende cuatro secciones:

SECCIÓN PRIMERA: Definición y descripción de los apócrifos cristianos antiguos.

SECCIÓN SEGUNDA: Definición de la gnosis y del gnosticismo.

SECCIÓN TERCERA: Los principales temas doctrinales gnósticos en la perspectiva del *Evangelio de Judas*.

SECCIÓN CUARTA: Descripción del *Evangelio de Judas*.

Sección Primera

Los apócrifos cristianos

1. Precisiones terminológicas

Al abordar el estudio del cristianismo, la ciencia de las religiones tropieza con un enojoso embrollo terminológico, propiciado por una excesiva condescendencia respecto a la terminología teológica y confesional. El término «apócrifo» adolece, en este contexto, de un uso equívoco o ambiguo. La historia confesional lo utiliza para designar escritos del cristianismo antiguo no aceptados en el canon y que pretenden autoridad apostólica. Se trata, como se echa de ver, de una delimitación estrictamente teológica, dependiente del concepto cristiano de «inspiración divina». Este criterio confesional sirve para definir un conjunto de veintisiete escritos que integran el Nuevo Testamento y para denotar y excluir un conjunto indefinido de escritos que no pertenecen a él. Dentro de este conjunto indefinido se establecen tres clases:

a) Escritos que pretenden autoridad apostólica y que remedan los géneros de los escritos canónicos; estos son denominados «Apócrifos del Nuevo Testamento».

b) Otros escritos no canónicos del periodo apostólico; estos son denominados «Padres apostólicos»;

c) Otros escritos no canónicos del periodo posapostólico, denominados «Apologistas».

La historia crítica y no confesional no puede operar con unas nociones y unos términos basados en las creencias. Sus conceptos y su terminología tienen que ser los de la historia general de las religiones. En primer lugar, pues, no dividirá los escritos del cristianismo primitivo en canónicos y no canónicos, sino que adoptará clasificaciones fundadas en el género literario, en criterios de autenticidad y en la cronología. El concepto de «apócrifo», es decir, de no auténtico, no es operativo como característica delimitativa de una clase de escritos, pues la mayoría de los escritos cristianos antiguos son apócrifos en el sentido correcto del término. Unas precisiones conceptuales y terminológicas contribuirán a clarificar la cuestión.

Los dominios que hay que tener en cuenta son los siguientes: obra, editor, autor, contenido.

a) La obra en relación con el autor.

Aunque en este ámbito suelen usarse las atribuciones «verdadero» y «falso», conviene evitarlas, pues verdadero y falso son valores de los enunciados, no de las cosas. Hay términos más precisos para describir la relación de una obra con su autor. Si el enunciado que afirma la autoría de una obra es verdadero, decimos que la obra es auténtica o genuina.

Si el enunciado es falso, decimos que la obra es inauténtica, apócrifa, espúria, seudoepígrafa. Si no hay enunciado de autoría, la obra es anónima.

Ejemplo: la mayoría de historiadores considera falsa la atribución a seis autores (Vopisco, Lampridio, etc.) de la *Historia augusta,* del siglo IV. Esta obra es, pues, inauténtica, apócrifa y seudoepígrafa. El verdadero autor es desconocido. Pero para afirmar que este documento inauténtico es una falsificación hay que analizar el campo del autor

b) El autor en relación con la obra.

Si el enunciado que afirma la autoría es falso y proviene del autor real, decimos que el autor es un falsario o un falsificador. Tal es el autor de la *Historia augusta*. En este caso, decimos que la obra es una falsificación. Así pues, «inauténtico» y «seudoepígrafo» son términos genéricos, y «falsificación» es una especie.

En ocasiones, en efecto, el que atribuye falsamente la obra a un autor puede haber sido el editor o la tradición y no el autor real. En este caso no hablamos de falsificación, sino de inautenticidad o seudoepigrafía. En general, cuando no consta la intención de engañar del autor real, los documentos son considerados simplemente seudoepígrafos y no falsificaciones. La mayoría de los denominados «seudoepígrafos del Antiguo Testamento» caen bajo esta designación, pues no consta que sus autores reales los hayan producido bajo un nombre falso. En este sentido es posible hablar de una «genuina seudoepigrafía religiosa». En cambio, las *Cartas a Timoteo* canónicas son falsificaciones propiamente dichas, pues el autor real las atribuye explícitamente a Pablo en la salutación, es decir, consta la intención de engañar.

Hay que distinguir el falsario del falseador. Este altera el contenido de la obra, el falsario puede producir un escrito verídico. Por ejemplo: el autor de la *Carta VII* de Platón es (probablemente) un falsario, pero no un falseador: su escrito es verídico y de hecho se usa para biografiar a Platón. En cambio, Eusebio de Cesarea es el auténtico autor de *Vita Constantini*, pero es un falseador que produce un escrito hagiográfico de poca fiabilidad histórica.

c) En relación con el contenido, los términos utilizados pueden clasificarse de la manera siguiente:

1) Con valoración positiva (verdadero): fidedigno, veraz, verídico, sincero, autorizado.
2) Con valoración negativa (falso) sin juicio moral: acrítico, ficticio-ficción, fabuloso-fabulación, leyenda, mito, invención, cuento, conseja.
3) Con valoración negativa (falso) con juicio moral: mendaz, engaño, falacia, impostura, superchería, fraude, mixtificación, embaucamiento, patraña, infundio, farsa.

Algunos comentaristas pretenden excusar a los falsarios de la Antigüedad aduciendo que en aquellos tiempos este tipo de conductas literarias eran admitidas y no engañaban a nadie. Habría que matizar mucho esta afirmación. Es cierto que hay documentos que caen bajo el ámbito de lo que se ha denominado «genuina seudoepigrafía religiosa». La atribución a un autor legendario o antiquísimo es en este caso un claro recurso literario no destinado a defraudar, tales son, por ejemplo, los abundantes escritos filosóficos atribuidos a Pitágoras en la época helenística o los libros atribuidos a Enoc o a los Patriarcas. Esta clase de obras deben ser clasificadas simplemente como «seudoepígrafas», pero no como falsificaciones. Pero una carta encabezada con el falso nombre de un personaje vivo o desaparecido recientemente conlleva la presunción del engaño; el autor real pretende engañar a los recipiendarios, y su escrito es por lo tanto una falsificación. Este es el caso, por ejemplo, de las llamadas *Epístolas Pastorales* atribuidas a Pablo.

Los escritores antiguos, tanto cristianos como paganos, eran ya conscientes del problema de las falsificaciones literarias y de la fiabilidad histórica. Luciano de Samosata compuso una obra de género epistolar sobre el tema: *Cómo hay que escribir la historia*. Los autores cristianos también cuidaban de ejercer la crítica literaria. Serapión de Antioquía, a principios del siglo III, pone en guardia a sus fieles contra ciertos escritos que circulaban bajo el nombre de Pedro y otros apóstoles:

> Nosotros, hermanos, recibimos tanto a Pedro como a los demás apóstoles cual si se tratara de Cristo mismo, pero rechazamos con conocimiento de causa las obras falsificadas (*pseudoepígrapha*) con sus nombres, sabiendo que semejantes escritos no los hemos recibido por tradición. (En Eusebio, *Historia Eclesiástica* VI, 12, 2.)

También Orígenes desenmascara un escrito atribuido a Pedro:

> Este libro (*Predicación de Pedro*) no ha sido recibido entre los libros de la Iglesia, y puedo demostrar que no es de Pedro ni de ningún otro escritor inspirado por el espíritu de Dios. (*De principiis*, pref. 8b.)

2. Clasificación objetiva

Partiendo de las nociones así definidas, es posible hilvanar una clasificación científica y objetiva de los escritos del cristianismo primitivo, obviando los prejuicios de la historiación confesional.

En este breve tratamiento me limitaré a proponer una clasificación que adopta como fundamento los criterios de autenticidad. No pretendo, por otra parte, una reseña exhaustiva de la literatura cristiana primitiva. Propondré solamente ejemplos de cada una de las categorías. El arco cronológico es el comúnmente aceptado para la literatura cristiana primitiva (más o menos hasta mediados del siglo II, cuando se escribe probablemente el original griego del *Evangelio de Judas)*.

1. Escritos auténticos. Entiendo que se trata de autenticidad admitida por la mayoría de estudiosos.

1.1. Escritos de autor explicitado en el texto. Ejemplos: cinco cartas de Pablo: *Romanos, I* y *II Corintios, Gálatas, I Tesalonicenses*. Probablemente también *Filipenses*. *El Pastor de Hermas* (probablemente). Cuatro *Cartas* de Ignacio de Antioquía.

1.2. Escritos auténticos de autor no explicitado en el texto y sí por una tradición literaria atendible. Ejemplos: La *I Carta de Clemente de Roma*. Posiblemente el *Evangelio de Marcos* y el *Evangelio de Lucas*.

2. Escritos anónimos. El *Libro de los Hechos de los Apóstoles,* la *Carta a los Hebreos,* las *Cartas de Juan I, II* y *III,* las *Odas de Salomón,* la *Didaché, Ascensión de Isaías*.

3. Escritos inauténticos

3.1. Falsificaciones explícitas. Se trata de escritos cuyo mismo texto los atribuye falsamente a un autor. Los verdaderos y desconocidos autores son, por tanto. falsarios. Ejemplos: *Evangelio de Juan*. Cartas de Pablo a *Timoteo I* y *II,* y a *Tito*. Cartas de *Santiago, Pedro I* y *II, Judas, Apocalipsis de Juan, Evangelio de Tomás, Evangelio de Pedro*.

3.2. Seudoepígrafos. La falsa atribución aparece en un título no original o proviene de la tradición. Ejemplos: *Evangelio de Mateo*. Para muchos estudiosos, los Evangelios de *Marcos* y de *Lucas* son también seudoepígrafos. Y así la *Carta de Bernabé y* la *Segunda Carta de Clemente*.

Todos los escritos denominados «evangelios» que rebasan el ámbito cronológico de la «literatura cristiana primitiva» son inauténticos en alguno de los dos sentidos que hemos definido. En esta cesta entrarían los evangelios del corpus de Nag Hammadi y el *Evangelio de Judas*.

3. Fiabilidad histórica

La inautenticidad no es sinónimo de mendacidad histórica. Las *Cartas de Platón* son inauténticas, pero no por esto dejan de ser históricamente fiables. Respecto a la historicidad de los evangelios, la distinción operativa no es la de auténticos e inauténticos, sino una división basada en la cronología. Lo que importa en realidad es dilucidar si un escrito pertenece a la época primordial, es decir, a la época de las dos primeras generaciones cristianas, o es posterior. El conjunto de los Evangelios primordiales conservados es reducido: *Marcos, Mateo, Lucas, Juan* y *Tomás*. Excepto el primero, estos evangelios contienen materiales dependientes de sus anteriores y materiales propios. A diferencia de los Evangelios primordiales, los escritos posteriores dependen netamente de los primordiales en lo esencial; sus materiales propios afectan a desarrollos secundarios.

La utilidad histórica de los evangelios posteriores radica en el hecho de que confirman algunos de los contenidos de los Evangelios primordiales. Uno de estos datos es la tendencia a atribuir a los judíos, y no a Poncio Pilato, la responsabilidad de la muerte de Jesús. Otro dato es secundario en los documentos de la época primordial cristiana, pero resulta de suma importancia para comprender la evolución histórica del cristianismo en su periodo de secta judaica: la relevancia de la figura de Jacobo el hermano de Jesús. Un tercer dato es significativo para dilucidar el origen de las tradiciones marginales del cristianismo primitivo: la relación de Jesús con María Magdalena.

La fiabilidad histórica del *Evangelio de Judas* será examinada en la última parte del Comentario.

SECCIÓN SEGUNDA

Gnosis y gnosticismo

Durante los últimos decenios, los historiadores de las corrientes marginales del pensamiento y de la religión han sido proclives a utilizar el término «gnosis» para calificar toda clase de grupos elitistas, marginales o simplemente marginados. Así, han sido denominados gnósticos Filón de Alejandría, el *Evangelio de Juan*, los hermetistas, los inspirados judíos de la Merkava, los maniqueos, Orígenes, los priscilianistas, los alquimistas, los cabalistas, los sufíes, los cátaros, los alumbrados, los masones... Esta explosión historiográfica del término «gnosis» no es criticable, por lo menos hasta que no se haya procedido a definir con la claridad requerida el concepto mismo de lo gnóstico. Una vez precisados y delimitados los diversos sentidos que puede revestir la expresión, será el momento de someter a crítica la propiedad de una u otra atribución.

Podemos distinguir cuatro sentidos del término «gnosis»:

- *Sentido amplísimo:* Propiedad distintiva de una élite.
- *Sentido amplio:* Conocimiento reservado a una élite.

- *Sentido estricto:* Conocimiento religioso reservado a una élite.
- *Sentido estrictísimo*: Un determinado grupo de sistemas judíos y cristianos antiguos («gnosticismo»).

Los dos últimos sentidos se ajustan a las definiciones descriptivas acordadas en un Coloquio de especialistas reunido en Mesina en 1966. A pesar de las reticencias de ciertos historiadores, siempre reacios a someterse a la disciplina de las terminologías pactadas, no veo motivo alguno para apartarme de las delimitaciones tan laboriosamente acordadas hace cuatro decenios. En cambio, me permito ampliar el campo semántico general del concepto de gnosis, para dar cabida en él a otros fenómenos, colaterales pero significativos.

Los factores de diferenciación, tanto del fenómeno gnóstico en relación con otros fenómenos culturales como de las subclases de la gnosis, pueden ser remitidos a dos grandes campos: el sociológico y el que considera los contenidos doctrinales.

Para introducir el factor sociológico propongo un *sentido amplísimo* del término, que nos permitirá contemplar fenómenos ajenos al conocimiento, pero portadores de selectividad social. Consideraremos, como universo semántico, un conjunto social en general, en el seno del cual se constituye un pliegue formado por individuos que se otorgan a sí mismos la posesión de un bien superior, situándose por encima del común. Este grupo recibe la designación de élite o grupo selecto. Este fenómeno es detectable a todos los niveles del tejido social (ciencia, música, gastronomía, deporte...).

Conviene subrayar ya desde ahora que la correlación entre el conjunto más amplio y el subconjunto selecto es esencial para la noción de élite. Se trata, en efecto, de un concepto estrictamente correlativo. No hay élite si no hay un grupo más amplio en el cual se contiene. Un pequeño grupo A completamente disgregado del grupo mayor B no configura una élite, por más que exhiba elementos de superioridad. Así, por ejemplo, los calvinistas, habiéndose separado de la Iglesia romana, no se consideraron una élite religiosa, mientras que los jansenistas, que no consumaron la separación, pueden ser designados como élite. Estas consideraciones pueden sonar a banalidad, como tantas otras de la sociología, pero se olvidan frecuentemente en el discurso histórico. En su momento comprobaremos que se trata de observaciones sumamente útiles en orden a dilucidar el carácter gnóstico de ciertas corrientes religiosas.

Pasemos a considerar el *sentido amplio*. Con él entramos ya en el campo del conocimiento, sin abandonar, con todo, las consideraciones sociológicas. El nuevo factor de diferenciación es aquí el conocimiento. Aquel «bien superior» que hemos evocado como elemento constitutivo de una simple élite deviene ahora un conocimiento superior. Sin embargo, no precisamos todavía que se trate de un conocimiento religioso. Cualquier campo del conocimiento puede dar lugar a la articulación de un pliegue elitista: artesanado, ciencia, exégesis, ajedrez.... Ejemplos históricos: la escuela de Orígenes, la cábala medieval, la música dodecafónica... Podrían incluirse en esta delimitación las filosofías sapienciales, como la de Plotino y el budismo, y también la francmasonería. En todos estos casos tomamos en cuenta la presencia de un factor de élite simplemente cognoscitiva, sin exigir que se trate precisamente de un conocimiento religioso.

Un nueva vuelta de tuerca delimitadora nos introduce en el ámbito del conocimiento religioso. Observaremos la aparición del elitismo en el contexto de la religión, dando lugar a la aparición de la gnosis en *sentido estricto*, que ahora se define: conocimiento religioso reservado a una élite.

El conocimiento religioso capaz de generar un pliegue gnóstico es, históricamente hablando, el conocimiento de una revelación contenida en libros sagrados. No hay gnosis en *sentido estricto* si no hay libro sagrado. En consecuencia, el único sector de la historia de las religiones que nos interesa a partir de ahora es el de las religiones del Libro. La gnosis se transforma entonces en una exégesis, y su delimitación sociológica se produce, efectivamente, como el resultado de la proyección, sobre el conjunto de una comunidad religiosa, de criterios emanados del método exegético. Procedamos a un examen más completo de este tema.

El papel de dominio, lógicamente, lo asume aquí el grupo religioso en tanto que poseedor de una revelación contenida en un libro sagrado, por ejemplo, el cristianismo o el islam. Para una comprensión global del proceso tenemos que retroceder a un estadio anterior, y describir un grupo todavía más amplio: la sociedad civil en la cual habita el grupo religioso; esta sociedad civil desconoce el libro sagrado. Esta constatación da lugar a una primera división, que distingue los «ignorantes» de los «conocedores». Estos últimos se dividen a su vez en dos grupos: los que poseen un conocimiento ordinario o superficial del libro sagrado, y que por tanto practican únicamente la exégesis literal, y los que tienen un conocimiento profundo del libro, practicando por ende la exégesis alegórica. He aquí el esquema resultante:

sociedad	conocedores	profundos
		ordinarios
	ignorantes	

Por el momento nos atenemos a estas consideraciones generales, orillando una terminología más precisa.

El *sentido estrictísimo* no añade ninguna diferenciación conceptual teórica, sino únicamente una delimitación histórica y cronológica: las gnosis de los siglos II-IV son consideradas gnosis en *sentido estrictísimo* y reciben la denominación de *gnosticismo*.

Delimitaciones conceptuales tomadas de los ámbitos de la sociología y de la gnoseología nos han permitido definir cuatro sentidos de la palabra «gnosis». Ahora bien, la realidad histórica es mucho más compleja, hasta el punto de sacar de quicio al voluntarioso lógico. En las gnosis históricamente consideradas se entremezclan ingredientes que pueden determinar nuevas especificaciones no fundadas en la noción de conocimiento. Este es el caso de los componentes ontológicos que presentan ciertos grupos religiosos, que los aproxima al campo propiamente gnóstico. El documento conclusivo del Coloquio de Messina describe de este modo el mencionado componente:

> La concepción de la presencia en el hombre de una centella divina, que proviene del mundo divino, que ha caído a este mundo sometido al destino, al nacimiento y a la muerte, y que tiene que ser despertada por la contraparte divina del Yo para ser finalmente reintegrada.

Esta intuición religiosa fundamental, que no es de orden propiamente cognoscitivo, tiene importantes implicaciones doctrinales, en particular en lo concerniente a la gradación de lo divino y a los modos de su sucesiva degradación. En virtud de este criterio, ya no sociológico, la calificación de «gnóstico» puede extenderse a una serie de movimientos filosóficos y religiosos que no son sociológicamente elitistas, pero que presentan los trazos doctrinales mencionados: neoplatonismo, maniqueísmo, catarismo...

Examinaré ahora la corriente gnóstica mejor conocida y documentada, que se incluye de modo clarísimo en la definición en *sentido estricto*, el valentinismo. Ya he observado que las gnosis cristianas de los siglos II-IV reciben la denominación de *gnosticismo*.

El elemento sociológico que constituía nuestro *sentido amplísimo* reviste en el valentinismo una gran importancia. Una gran parte de los historiadores pasa por alto este hecho fundamental, englobando al valentinismo en un aura de «esoterismo» que no se corresponde exactamente con la recta interpretación de los testimonios. Una realidad histórica incontrovertible es que los valentinianos no se separaron jamás de la gran Iglesia. Todos los testimonios hablan de grupos más o menos organizados en el seno de las comunidades del cristianismo episcopal. Un documento tardío como el *Testimonium veritatis* de

Nag Hammadi (IX, 3) se hace eco de disputas entre los sectarios y la jerarquía, cosa que carecería de sentido si los valentinianos se hallasen fuera de la comunidad. El estatuto sociológico de los valentinianos contrasta con el de los marcionitas, que se habían desgajado de los católicos y habían constituido su propia Iglesia.

Este factor elitista era parte esencial de la autoconciencia de los sectarios. Ireneo de Lyon, el más áspero polemista antignóstico, da indirectamente testimonio de su voluntad de permanecer en el seno de la comunidad. Los valentinianos, pues, consideraban que ellos pertenecían a un grupo amplio en el seno del cual representaban la élite.

En las iglesias los valentinianos podían vivir tranquilamente integrados en la comunidad, y esto fue lo que sucedió con más frecuencia.

El elemento diferenciador de la élite valentiniana en el seno de la comunidad de creyentes era el conocimiento superior. El bautismo y la fe son el primer paso hacia la salvación, pero no el definitivo. Representan únicamente la «generación». La liberación definitiva, la que importa una garantía de acceso a la Plenitud divina, es otorgada por la gnosis, y está significada por el sacramento de la cámara nupcial: es la «regeneración».

El cristianismo es una religión del Libro. En consecuencia, es de esperar una toma de posición muy decidida de los valentinianos en relación con los libros sagrados.

De entrada, los valentinianos distinguen entre la revelación psíquica del demiurgo (el Antiguo Testamento) y la revelación espiritual del Espíritu Santo y de Jesús resucitado, absteniéndose sin embargo, al contrario que los marcionitas, de rechazar en bloque las escrituras judías.

Esta división de las escrituras introduce una diversidad de métodos de interpretación. El Antiguo Testamento se interpreta casi siempre de modo literal, excepto cuando se supone que los textos ocultan una revelación del Espíritu Santo; en este caso, la interpretación es entresacada por medio de la exégesis alegórica. Un procedimiento parecido se utiliza con los Evangelios. En tanto que expresan la predicación del Cristo psíquico, reciben interpretación literal, pero cuando se supone que transmiten una revelación espiritual, reciben una interpretación alegórica. Algunos textos de Juan y de Pablo son considerados puramente espirituales, y entonces no necesitan ya hermenéutica especial alguna.

Existe, por lo tanto, un auténtica tradición secreta, escondida, que abre a los gnósticos el camino del perfecto conocimiento de los misterios divinos.

Veamos ya la configuración que adopta el esquema diferenciador en la gnosis valentiniana, y por ende en los demás grupos gnósticos:

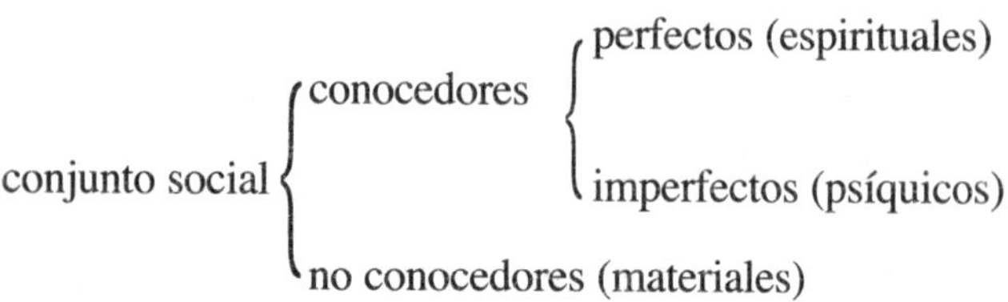

El valentinismo, nacido en Egipto en el siglo II, se extendió por toda la cuenca mediterránea y está bien representado en los textos de Nag Hammadi.

Próximos al valentinismo se hallan los basilidianos, surgidos también en Egipto y no representados en Nag Hammadi.

Las corrientes gnósticas setianas, en las cuales se inserta el *Evangelio de Judas,* profesan el mismo nivel de elitismo, con idéntica fundamentación. Su convivencia con los cristianos corrientes, sin embargo, no es tan clara. De hecho, parecen haber surgido en regiones donde el cristianismo no estaba todavía estructurado, como Siria oriental y Egipto durante el siglo II. Su concepción del creador de este mundo era, por otra parte, más negativa y radical que la de los valentinianos, rasgo que los alejaba todavía más de las comunidades eclesiásticas. Volveré sobre este tema al tratar especialmente del *Evangelio de Judas*.

Aparte de estas grandes escuelas o corrientes, los escritores cristianos nos han transmitido noticias de gran número de sectas gnósticas (carpocratianos, naasenos, peratas, simonianos...), pero es muy difícil dilucidar si se trataba de verdaderos grupos o simplemente de escisiones doctrinales. Entre estos grupúsculos, Ireneo de Lyon menciona a los cainitas, que eran los que poseían el *Evangelio de Judas* (véase la sección sobre La figura literaria e histórica de Judas, pág. 187).

SECCIÓN TERCERA

Las doctrinas gnósticas

Las concepciones religiosas del *Evangelio de Judas* se insertan plenamente en el pensamiento gnóstico, en especial en el de las corrientes setianas. Una cabal comprensión de este escrito requiere el conocimiento de las grandes líneas de los sistemas gnósticos, por lo menos en lo concerniente a los tres principales argumentos abordados por el Evangelio: los Primeros Principios, la cosmología y la antropología. Haré de ellos una explicación sucinta pero completa, a la que me remitiré en el curso del Comentario.

Resumo en las páginas siguientes varios estudios míos ya publicados. El lector que requiera una información más completa la hallará en *Textos gnósticos. Biblioteca de Nag Hammadi*, edición de A. Piñero, J. Montserrat y F. García Bazán, 3 vols., Trotta, Madrid, 1997-2003.

I. Los Primeros Principios

Los gnósticos pueden situarse dentro de la rama del platonismo que establece distinciones y gradaciones entre los Principios Divinos. Una vez establecida esta raigambre fundamental, podemos reconocer en las diversas escuelas o corrientes influjos de otras tradiciones filosóficas, en particular del estoicismo.

Los Principios no son independientes unos de otros, sino que forman un sistema descendente de relaciones de procedencia. Consideraremos que cada Principio recibe dos clases de denominaciones: las absolutas, que se refieren a la «persona» en cuanto sujeto real, y las relacionales, que son los atributos que expresan la relación de un sujeto con los demás sujetos divinos. Las primeras suelen ser meros nombres (Dios, Barbeló...). Los atributos relacionales pretenden expresar las relaciones entre los Principios. En estos atributos relacionales cabe distinguir dos momentos: *a*) Un momento constitutivo, que consiste en la relación del sujeto divino consigo mismo o con su Principio anterior; *b*) un momento comunicativo (o generativo), que consiste en la relación de cada Principio con el Principio inferior (o con el mundo, en el caso del último Principio).

La inserción de los gnósticos de Nag Hammadi en la tradición del platonismo tardío no se produce con la misma fidelidad en todos los grupos. A este respecto es posible distinguir dos grandes corrientes: *a*) la corriente valentiniana, que mantiene una notable fidelidad al esquema trinitario fundamental; *b*) la corriente denominada «setiana», que manifiesta un trasfondo filosófico más difuso, introduciendo motivos procedentes de otras tradiciones y alterando por ende el esquema fundamental.

En la corriente setiana, a la que pertenece el *Evangelio de Judas*, los Principios no se ponen como sujetos sustanciales o hipóstasis, para utilizar la terminología neoplatónica, o «personas», para utilizar la expresión trinitaria común. Si se quiere hablar de teología trinitaria setiana, hay que reconocer que se trata de una teología de inspiración modalista, es decir, que sostiene la absoluta unicidad de Dios y relega las distinciones trinitarias a meros nombres. Las tríadas (o díadas) de los documentos setianos representan propuestas teológicas perfectamente asimilables para un monoteísta semítico. Los «estratos» o «disposiciones» que la reflexión setiana distingue en la divinidad no exigen más compromisos ontológicos que la Sabiduría de los Libros Sapienciales, que las «potencias» divinas de Filón (el Logos y Sophia) o que las *sefirot* que distinguirá la cábala. En este sentido, los documentos setianos de Nag Hammadi representan un verdadero puente exegético entre la especulación judía helenística y la primera teología trinitaria cristiana.

Esta primera teología auténticamente trinitaria aparece ya claramente configurada en los valentinianos, que históricamente pueden considerarse más tardíos que los setianos. Los valentinianos introducen en las especulaciones exegéticas de los setianos una sólida arquitectura filosófica basada en el platonismo, así como una compleja redefinición de los Tres Principios arraigada en la revelación cristiana. Basándose en conceptos de filosofía platónica, los valentinianos establecen una radical distinción entre los Principios por medio del concepto filosófico del Límite (Horos), solo tenuemente insinuado en los textos setianos. El resultado es un esquema netamente trinitario.

Los principales tratados valentinianos del corpus de Nag Hammadi que tratan de los Primeros Principios son: *El Evangelio de la Verdad, Tratado Tripartito* y *Exposición Valentiniana*. Los de la rama setiana son: *Apócrifo de Juan, Evangelio de los Egipcios, Segundo Tratado del Gran Set, Tres Estelas de Set, Zostrianos, Marsanes, Allogenes* y *Pensamiento trimorfo*.

Procedo a continuación a resumir el sistema de los Primeros Principios según los setianos, puesto que representan el contexto doctrinal inmediato del *Evangelio de Judas*. Respecto a los valentinianos, me limitaré a resaltar algunos conceptos fundamentales.

Una característica que comparten todos los textos setianos de Nag Hammadi es una prolija multiplicación de los personajes que representan los grados del proceso descendente de la divinidad. Esta germinación viene facilitada por la débil intensidad de los elementos diferenciadores, que en ningún caso imponen una distinción sustancial o hipostática entre los sucesivos grados de la divinidad. Es decir, aquí no se podría hablar de «personas» divinas. Incluso en el caso de la Sabiduría exterior setiana cabe una interpretación que deje a salvo la unicidad sustancial de la divinidad semítica.

Esta opción interpretativa general invita a adoptar un procedimiento puramente descriptivo de las gradaciones que los documentos setianos introducen para explicar el intervalo entre Dios y el mundo. Sería equívoco otorgar a algunos de estos grados los caracteres de los Principios de la tradición platónica para forzar los textos a configurar algún tipo de tríada o de trinidad. Por este motivo, en los estudios que he citado al principio de esta sección propongo una terminología neutra e introduzco la expresión geológica de «estrato» para referirme a los grados de la «degradación de la divinidad» de los setianos, y distingo tantos estratos como sea menester para explicar los textos

El primer estrato es el de la absoluta trascendencia. El sujeto divino absolutamente trascendente recibe los nombres apropiados de Dios y Espíritu, en ocasiones Espíritu Virginal.

El momento de la absoluta trascendencia viene descrito por medio de extensos listados de atributos negativos o analógicos. Uno de ellos se halla en el pasaje del *Apócrifo de Juan* que reproduzco en el Comentario de la página 47 del *Evangelio de Judas*.

El mismo sujeto de la trascendencia posee un momento de comunicación. Para expresarlo, los textos setianos no recurren a las metáforas generativas tan usuales entre los valentinianos, sino que apelan al concepto de emanación, en ocasiones expresado por la metáfora de la «fuente».

El segundo estrato viene configurado por los eones superiores femeninos. El sujeto de este estrato recibe en casi todos los textos setianos un nombre femenino: Barbeló. En el *Evangelio de Judas*, Judas dice a Jesús: «Tú has venido del inmortal eón de Barbeló» (pág. 35, 17).

En un primer momento, este sujeto es definido en virtud de su relación de procedencia del primer estrato (véanse los últimos pasajes citados). El *Apócrifo de Juan* (págs. 5 y 6) introduce un término muy gráfico para indicar la correlación de este sujeto con el anterior: «erguirse delante de» (copto *aherat*). Esta expresión aparece profusamente en el *Evangelio de Judas*. Barbeló es definida como la imagen del Espíritu trascendente y su pensamiento.

El personaje femenino que representa este estrato, Barbeló, recibe configuración por medio de disposiciones abstractas o eones en número variable: cinco en el *Apócrifo de Juan* (inteligencia, presciencia, incorruptibilidad, vida eterna, verdad), tres en *Zostrianos* y *Allogenes* (existencia, beatitud, vida), tres triples en *Pensamiento trimorfo*:

> Ella tiene en sí una Palabra que posee toda gloria y tiene tres masculinidades y tres poderes y tres nombres. (37, 23-27.)

Este estrato tiene un momento relacional comunicativo que lo convierte en origen o causa de los eones del estrato subsiguiente. Esta originariedad puede expresarse por medio de metáforas generativas. En este sentido los textos designan a Barbeló «madre» y hablan de la «matriz» de Barbeló, que es fecundada por la luz del Espíritu (*Apócrifo de Juan* 5, 6). En cambio, *Zostriano* y *Allogenes* rehúyen las metáforas generativas y optan por conceptos emanativos.

El tercer estrato consiste en los eones superiores masculinos. El *Apócrifo de Juan* ofrece tratamiento de este estrato como sujeto de atribuciones, denominándolo Unigénito (*monogenés*) e Hijo. Otros tratados no aducen una denominación única, y se refieren distributivamente a los diversos eones.

El momento relacional de procedencia se expresa por una inequívoca explicitación de las estrechas conexiones entre este estrato y el anterior. Además del hecho fundamental, ya constatado, de la relación de maternidad o de procesión, los eones o disposiciones de este estrato se establecen como estrictos correlativos de los eones del estrato anterior. Los eones masculinos del *Apócrifo de Juan* (Unigénito-Cristo, Intelecto, Querer, Logos, Autogenerado) se erigen como consortes de los eones femeninos de Barbeló (6, 3-7, 31 comparado con Ireneo, *Adversus Haereses* I, 29, 1-2).

El momento relacional comunicativo del tercer estrato se presenta con rara uniformidad en todos los textos: todos ellos asignan al eón Autogenes (Autogenerado) la originariedad respecto a los seres inferiores:

> El invisible Espíritu virginal estableció al divino Autogenes como cabeza del todo y [como dios de la verdad] le sometió todas las potestades (*Apócrifo de Juan* 7, 22-26). El divino Autogenes es el arconte principal de sus eones y ángeles. (*Zostrianos* 19, 6-7.)

El Autogenes ejerce esta función por medio de cuatro eones denominados «los cuatro luminares», que constituyen para nosotros un cuarto estrato.

En el *Evangelio de Judas* aparece claramente el Autogenerado, y de modo equivalente los cuatro luminares (véase el Comentario a las págs. 47-48).

El cuarto estrato lo componen los eones inferiores. Según he indicado, el Autogenes ejerce su función causal por medio de cuatro eones designados genéricamente «luminares». Estos cuatro eones y sus nombres son conocidos por todos los setianos. Se trata de Armozel, Oriel, Daveithai y Elelet. En el *Apócrifo de Juan* cada luminar posee a su vez tres eones, constituyendo una dodécada o Pleroma inferior (8, 2-28). El último eón del luminar Elelet es Sabiduría. Véanse los textos en el Comentario a la página 48.

El paradigma inteligible del hombre, el «hombre primordial», hace su aparición también en este cuarto estrato, cf. *Apócrifo de Juan* 8, 30 y ss. En el *Evangelio de Judas* es designado «Adamás».

El quinto estrato está ocupado por un solo eón, Sabiduría. La mayoría de tratados setianos conocen un momento de ruptura en la divinidad, protagonizado por un personaje denominado Sabiduría o Pistis, identificado a veces con el último eón del luminar Elelet. Véanse los textos que he citado al comentar *Evangelio de Judas*, página 44.

La función del eón Sabiduría es la creación del universo: es la «madre del universo».

Sabiduría es «la que miró hacia abajo» *(Zostrianos)*. Este descenso de Sabiduría puede ser concebido como «inocente» (*Pensamiento trimorfo)*.

La caída de Sabiduría se explica por un doble motivo: obrar sin el querer del Padre y sin conjunción con su consorte (cuyo nombre no es mencionado); así, *Apócrifo de Juan, Hipóstasis de los Arcontes*.

El producto de esta acción es una obra imperfecta, el arconte demiúrgico (*Apócrifo de Juan*) o una sombra que por mediación de la materia produce al arconte demiúrgico (*Hipóstasis de los Arcontes*, *Origen del Mundo*). En virtud de esta obra, Sabiduría es denominada «material» (*Evangelio de los Egipcios*), y en el *Evangelio de Judas,* «corruptible».

Una vez producido el arconte, Sabiduría queda sumida en un estado de olvido e ignorancia y entra en movimiento. Este estado es denominado generalmente «deficiencia» (*Apócrifo de Juan, Origen del Mundo*), y Sabiduría es calificada de «prostituta» (*Segundo Tratado del Gran Set*).

En la secuencia siguiente Sabiduría experimenta arrepentimiento. Los eones superiores la auxilian con un don que es la unión con su consorte, que rectifica su deficiencia.

La Sabiduría redimida no regresa inmediatamente a la Plenitud divina, sino que permanece en un lugar intermedio entre el mundo divino y el mundo corporal. Los valentinianos y algunos setianos designan a este lugar «ogdóada», u octavo cielo.

Sabiduría es la Madre de los hombres espirituales, la «generación santa» del *Evangelio de Judas*.

II. Cosmología

La metafísica de los primeros principios se halla, en el platonismo, en estrecha conexión con la cosmología. De ahí que los sistemas teológicos judíos y cristianos no acertaran a librarse del sello naturalista de la filosofía platónica. Los Primeros Principios del platonismo tardío, aun transformados en sujetos divinos, siguieron manifestando la marca del cosmos. Entre los gnósticos, sin embargo, la impronta naturalista de la cosmología platónica aparece fuertemente coloreada por la idea de salvación.

Esta descripción de la cosmología de los gnósticos de Nag Hammadi, y en particular de los setianos, adoptará el procedimiento obvio de deslindar los niveles de la escala descendente que va de la divinidad creadora al mundo corporal. Respecto a cada uno de los niveles, me contentaré, de acuerdo con el método de esta Introducción, con definir los distintos tipos y modelos, aduciendo algunos textos a título de meros ejemplos.

1. *El modelo inteligible*

Fieles en este punto al platonismo, los gnósticos de Nag Hammadi se preocupan de la causalidad formal, es decir, del modelo ideal, en la producción del cosmos, distinguiéndola cuidadosamente de la causa eficiente, el dios* creador.

* Según el pensamiento gnóstico, existe un dios inferior creador diferente al Dios Supremo. Cuando el texto se refiere al primero, hemos escrito el término con minúscula, y con mayúsculas cuando se refiere al segundo.

Respecto a la causa formal, las tesis gnósticas se adecuan a la escolástica del platonismo medio. Las formas ejemplares del mundo se hallan de diversa manera en los distintos estratos de la divinidad. Esta doctrina es especialmente clara en los textos de la corriente valentiniana. Según estos, el principio del universo es el Segundo Principio, el Intelecto, y el Alma recibe de él la formas paradigmáticas para plasmarlas en la materia.

2. *La materia*

En el tema de la materia, los gnósticos cristianos manifiestan una cierta originalidad. La especulación judía helenística había recogido sin excesivos remilgos la tesis filosófica de la eternidad de la materia, es decir, la ausencia de una causa eficiente específica para la materia. Algunos pensadores cristianos llegaron a simpatizar con esta idea, aunque la mayoría se adhirieron al dogma de la creación *ex nihilo*. Los gnósticos introdujeron su propia versión, en la línea de su monismo ontológico. La materia procedía de la misma serie de principios trascendentes que las formas, solo que en calidad de ruptura, no de simple deterioro gradual. Dicho en términos míticos, la materia no procedía de Dios a modo de generación, sino como un aborto. Pero procedía de Dios.

> En el seno de los eones infinitos en los que se halla la incorruptibilidad, la sabiduría, la denominada Pistis, quiso producir una obra ella sola, sin su cónyuge. Su

> obra resultó como una semejanza del cielo. (Es de saber que) hay un velo entre las realidades superiores y los eones de la parte inferior, y que una sombra vino a existir más abajo del velo, y esta sombra pasó a ser materia, y esta sombra fue arrojada a un lugar particular. Pues bien, la hechura (de la sabiduría) fue una obra realizada en la materia, una especie de aborto. Recibió figura a partir de la sombra. (*Hipóstasis de los Arcontes* 94, 4-16.)

Esta materia no es el mundo corpóreo, sino el sustrato a partir del cual se plasmará el mundo corpóreo

3. *El Creador o Demiurgo.*

La causalidad eficiente respecto al mundo físico es atribuida por la mayoría de corrientes gnósticas a un productor inferior, denominado por los valentinianos Demiurgo. Este personaje no detenta esencia espiritual, aunque tampoco es material, sino algo intermedio: posee sustancia «psíquica» o «anímica». Su función es operar sobre la materia preexistente por medio de una formas recibidas de lo alto. Así lo describe el *Apócrifo de Juan:*

> Él ordenó toda cosa de acuerdo con la semejanza de los primeros eones que habían existido, de modo que los creó con la figura de los incorruptibles, no porque hubiera visto a los incorruptibles, sino porque la potencia que reside en él, recibida de su madre, producía en él la semejanza del mundo (12, 33-14, 6).

Las denominaciones más comunes de este personaje son Demiurgo, Arconte y Yaldabaot.

El ciclo demiúrgico, en los gnósticos, suele desarrollarse como una exégesis esotérica de los primeros capítulos del *Génesis*, y manifiesta además obvias referencias al calendario.

De acuerdo con el modelo más común, el Demiurgo procede del último eón de la divinidad por medio de la materia:

> Pues bien, la hechura [de la sabiduría] fue una obra realizada en la materia, una especie de aborto. Recibió figura a partir de la sombra. Era una bestia arrogante parecida a un león. Era andrógino, pues, como ya dije, provino de la materia. *(Hipóstasis de los Arcontes* 94, 14-19.)

El Demiurgo gnóstico es identificado con Yahvé, el dios del Antiguo Testamento, presentado en general con trazos malignos. Esta identificación tiene lugar por el procedimiento de describir al Demiurgo con los características del dios bíblico: *Lo envolvió en una nube luminosa y (lo) colocó en un trono en medio de la nube* (cf. *Éxodo* 16, 10) *para que nadie lo viera excepto el espíritu santo que es llamado «la madre de los vivientes». Y le puso por nombre Yaldabaot. (Apócrifo de Juan* 10, 14-19.) Esta identificación aparece en diversos pasajes del *Evangelio de Judas,* como iré observando en el Comentario.

Un episodio común, presente en casi todos los textos, tanto setianos como valentinianos, es el de la soberbia y la ignorancia del Demiurgo, que se proclama dios único. Veámoslo en la versión de la *Hipóstasis de los Arcontes:*

> Su jefe es ciego. [Impulsado por su] potencia, por su ignorancia y por su orgullo [...] dijo: «Yo soy dios, y ninguno hay [fuera de mí»]. Al decir esto, pecó contra [el todo] (86, 27-33).

4. *La esfera demiúrgica*

El Demiurgo engendra o produce auxiliares para la obra de la creación. Estos auxiliares, o arcontes inferiores, responden a dos modelos: el planetario y el zodiacal.

El modelo planetario puro consta de siete arcontes, uno para cada uno de los círculos planetarios: *El arconte discurrió crear hijos para sí, y se creó siete hijos, que eran andróginos como su padre. Y dijo a sus hijos: «Yo soy el dios del todo». (Hipóstasis de los Arcontes* 95, 2-6.) El cotejo con las demás tradiciones gnósticas indica que el Demiurgo es el primero de los siete, no un arconte distinto. En este sentido se le denomina Hebdómada, con clara alusión a la narración genesíaca.

El modelo zodiacal puro se halla en *Evangelio de los Egipcios* IV, 57, 20 y ss.

El modelo mixto, zodiacal y planetario, se halla en el *Apócrifo de Juan* (10, 25 y 12, 25) y en el *Ori-*

gen del Mundo (101, 10, y 104, 20). Los que aducen este modelo mixto parecen no haberse percatado de que el Zodíaco no es más que una división de uno de los círculos planetarios, el del Sol. Estas confusiones obedecen al hecho de que la fuente de nuestros autores no es la astronomía, sino la magia astrológica.

El *Evangelio de Judas* se adscribe, con alguna confusión, al modelo mixto.

En *Hipóstasis de los Arcontes* y en *Origen del mundo* se introduce una importante distinción entre el primer arconte, *Yaldabaot*, y uno de los arcontes planetarios, Sabaot. Este experimenta un movimiento de conversión paralelo al del eón Sabiduría (véase un texto en el Comentario a las páginas 37-39).

El episodio de la conversión de Sabaot representa un intento de recuperación del Dios del Antiguo Testamento. La base escriturística viene ofrecida por las visiones de Ezequiel (1, 5-6, y 10, 1). Sabaot, el Dios montado en su carro, se contrapone a Yaldabaot, cuyo trono está en la nube. Este proceso de bonificación del Demiurgo halla su continuación en los valentinianos.

III. La antropología

Los gnósticos se adscriben, sin excepción, a la tradición órfico-dionisíaca que distingue en el hombre un elemento corporal o «titánico» y un elemento incorporal (alma, espíritu, chispa...).

Dentro de esta gran corriente, los gnósticos pertenecen al subgrupo de los que introducen distinciones esenciales en la composición del elemento incorporal. Recordemos que Platón, en *La República* y en el *Timeo,* habia distinguido tres estratos en el alma: el concupiscente, el irascible y el racional.

La antropología gnóstica, al igual que su cosmología, está subordinada a una doctrina de la salvación. Los textos de Nag Hammadi describen la estructura del compuesto humano a través de un análisis del proceso de su creación, sobre el fondo permanente de la narración del *Génesis*, interpretada en sentido literal.

a) *El hombre primordial*

En el Mundo Espiritual Superior, lugar de las formas, existe una forma paradigmática del hombre. En el *Evangelio de Judas* este arquetipo, como hemos visto, recibe el nombre, común a los setianos, de Adamás.

Los gnósticos de Nag Hammadi distinguen tres principios en el elemento humano incorporal: el espiritual, el psíquico y el material o terrenal. Estos principios pueden dar lugar a tres clases de hombres, aunque no siempre se trata de clases cerradas.

b) *El hombre espiritual*

El ser humano espiritual es el que ha recibido la chispa divina, procedente directamente de la Sabiduría. La inserción de esta chispa en algunos seres humanos, los elegidos, se realiza de diversas maneras, pero siempre es simultánea con la plasmación del ser humano psíquico por parte del Demiurgo. Los hombres espirituales se identifican con los gnósticos y se salvarán por naturaleza, independientemente de su conducta.

c) *El hombre psíquico o anímico*

El hombre creado por los arcontes en el sexto día es el hombre psíquico, es decir, el hombre que tiene la misma esencia que los entes demiúrgicos, los creadores de este mundo. Los textos toman como referencia *Génesis* 1, 26, según la versión de los Setenta: *Hagamos un hombre según nuestra imagen* (eikón) *y según semejanza* (homoíosis). En general, los escritos entienden la «imagen» referida a los arcontes y la «semejanza» referida al reflejo de luz, el hombre primordial:

> Venid, creemos de la tierra un hombre de acuerdo con la imagen de nuestro cuerpo y de acuerdo con la semejanza de aquel. *(Origen del mundo, Nag Hammadi* II, 5, pág. 112, 34-113, 1.)

d) *El hombre material*

El hombre psíquico, en cuyo interior mora oculto el elemento espiritual, es introducido por los arcontes en un cuerpo terrenal. El *Apócrifo de Juan* lo argumenta con toda claridad:

> Entonces arrastraron a Adán hacia la sombra de la muerte a fin de modelarlo otra vez con [aquella mezcla de] tierra, agua y fuego y con el espíritu que procede de la materia —que es la ignorancia de la oscuridad y del deseo— y con su espíritu contrahecho. (*Nag Hammadi* II,1, pág. 21, 4-9.)

El episodio de Adán que no puede ponerse de pie y se arrastra por los suelos, bien conocido por otras tradiciones gnósticas, es situado en esta secuencia por *Origen del Mundo* (116, 1-10).

e) *El ciclo del paraíso*

Una vez completado el hombre con sus tres elementos, los arcontes lo colocan en el paraíso.

La introducción en cuerpos terrenales había supuesto para Adán y Eva el olvido de su elemento espiritual. Para desvelarlos comparece la serpiente, en la que se esconde la Eva superior, la «auxiliar» de Adán:

> Entonces se abrió el intelecto de ambos, pues cuando comieron brilló en ellos la luz del conocimiento.

> Una vez se hubieron revestido del pudor, se percataron de que estaban desnudos respecto al conocimiento. (*Origen del mundo, Nag Hammadi* II, 5, pág. 119, 13-15.)

A raíz de su acceso al conocimiento, los arcontes expulsan a la pareja humana del paraíso.

f) *La humanidad*

Una vez fuera del paraíso, Eva engendra a Caín y Abel. Tanto *Apócrifo de Juan* (24, 8-34) como *Origen del mundo* (117, 15-24) precisan que Caín y Abel son hijos de Eva y del arconte o de los arcontes. Se trata, por tanto, de hombres puramente psíquicos.

La generación de Set tiene lugar en el ámbito de la ley que rige el Mundo Espiritual Superior: el consentimiento de la divinidad:

> Una vez hubo Adán conocido la semejanza de su propia presciencia, engendró la semejanza del hijo del hombre y le impuso el nombre de Set. De acuerdo con el modo de la generación entre los eones, la otra madre, igualmente, hizo descender su espíritu. (*Apócrifo de Juan, Nag Hammadi* II, 1, página 24, 35-25, 4.)

Set es el origen de la raza de los hombres espirituales. Los setianos son «la generación indómita», expresión también presente en el *Evangelio de Judas*. Aquí me limito a constatar la explícita referencia a Set de este Evangelio, que lo sitúa netamente dentro de la corriente gnóstica setiana.

La antropología gnóstica tenía una importante proyección social. En las ciudades del Imperio convivían paganos, judíos y cristianos. Los paganos eran los materiales, destinados a la aniquilación. Los judíos y los cristianos corrientes eran los psíquicos: vivían la fe y estaban sometidos a las reglas morales. En el seno de la comunidad cristiana, los gnósticos se contraponían a los «eclesiásticos», los cristianos corrientes, incluidos los obispos y los presbíteros. Ellos eran los espirituales: poseían el conocimiento, idéntico a la chispa espiritual divina, y observaban las leyes morales por amor, no por imposición. De hecho, se salvaban por naturaleza, no por conducta.

SECCIÓN CUARTA

Descripción del *Evangelio de Judas*

1. EL CÓDICE

El códice que contiene el *Evangelio de Judas* ha sido inconvenientemente denominado «Codex Tchacos», por el nombre de la negociante en antigüedades que lo compró por trescientos mil dólares y revendió por un millón quinientos mil un objeto arqueológico perteneciente a la República de Egipto. Creo más digno designarlo con el nombre de la región de Egipto de donde fue ilegalmente sacado, y lo denominaré por tanto «Códice de Minia».

Cuando fue delictivamente sacado de Egipto, probablemente hacia 1978, el Códice de Minia contenía las siguientes piezas:

— Páginas 1-9: *Carta de Pedro a Felipe*, en copto; escrito ya conocido por la Biblioteca de Nag Hammadi VIII, 2.
— Páginas 10-32: *Iacobos*, en copto, ya conocido por la Biblioteca de Nag Hammadi V, 1: *Primer Apocalipisis de Santiago*.
— Páginas 33-58: *El Evangelio de Judas*, en copto.
— Páginas 59-66: un tratado sin título, en copto; menciona a un cierto «Allogenes»; en Nag Hammadi XI, 3 hay un tratado titulado *Allogenes*.

El códice de Minia fue comprado a la negociante Tchacos por la Fundación Maecenas de Suiza y puestas a disposición de la National Geographic Society de Estados Unidos para proceder a su restauración y a su publicación. Los términos de la cesión permanecen oscuros, puesto que se trataba de un bien propiedad de un tercero, en este caso la República de Egipto. Estas 66 páginas serán publicadas por entero próximamente. El resto de las páginas se halla esparcido en diversas manos. Los lectores interesados en los detalles, no siempre ejemplares, de los avatares del pobre Códice de Minia encontrarán información completa y puesta al día en la Red: www.tertullian.org/rpearse/manuscripts/gospel_of_judas.

El manuscrito del *Evangelio de Judas* ha sido restaurado en Suiza por los coptistas Rodolphe Kasser y Georg Wurst, secundados por la conservadora Florence Darbre. El texto copto sahídico, una vez terminada la restauración, ha sido rápidamente puesto a disposición de los estudiosos en la página de la National Geographic Society (ngm.com/gospel). Los responsables de la Fundación Maecenas aseguran que, una vez terminadas todas las operaciones de restauración, el Códice de Minia será devuelto a Egipto para ser depositado en el Museo Copto de El Cairo.

El Códice de Minia mide 30 centímetros de largo por 15 de ancho. El material de las hojas es el papiro. Las páginas están muy deterioradas en el centro, probablemente porque fueron dobladas. En la parte superior se conserva la numeración. En el momento del hallazgo estaba en buenas condiciones y encuadernado en piel. Las páginas del *Evangelio de Judas* han podido ser restauradas en un 85%.

La lengua del tratado es el dialecto sahídico del copto. La palabra «copto» es árabe (*qibt, qobt*). La lengua hablada en Egipto durante los primeros siglos de la era común procedía directamente de la lengua de los faraones, y era designada *taspe nrefenkeme*, que significa simplemente «la lengua de los egipcios», es decir, el egipcio. Se dividía en multitud de dialectos. Los cinco principales eran el sahídico, el bohaírico, el acmímico, el licopolitano o subacmímico y el fayúmico. Hasta el siglo IX, el dialecto vehicular fue el sahídico. Después pasó a ser el bohaírico, que es la lengua litúrgica de las actuales comunidades coptas de Egipto. El copto se extinguió como lengua hablada en torno al siglo XIII.

El sahídico de nuestro *Evangelio* no es puro. Como la mayoría de los tratados de Nag Hammadi redactados en este dialecto, presenta contaminaciones del dialecto licopolitano y, lo que es más excepcional, del bohaírico (en nota a la traducción subrayo una de ellas). Como todos los escritos coptos, contiene muchas palabras griegas.

La traducción copta del original griego puede situarse en un tramo que va de mediados del siglo IV a primeros del siglo V como los códices de Nag Hammadi. Se ha sugerido una datación del siglo III; es imposible, pues la escritura copta no se formalizó hasta finales de este siglo y, en todo caso, en esta primera etapa se tradujeron solo textos bíblicos.

Para la dilucidación del autor debemos examinar el primer testimonio acerca de este *Evangelio,* el de Ireneo de Lyon.

Hacia el año 180, Ireneo, un cristiano originario de Asia Menor, de lengua griega, era el segundo obispo de Lyon. En su diócesis y en Roma pululaban los grupúsculos gnósticos. Ireneo escribió contra ellos un denso tratado, que se conoce por su título latino de *Adversus Haereses*. Del original griego se conserva una parte del libro I. El resto se conoce en una traducción latina hecha en África.

En el capítulo 31 del libro I (solo conservado en latín), Ireneo reseña la secta de los cainitas:

> Otros dicen que Caín provino de la Potestad Suprema, y alaban a Esaú, a Coré y a los sodomitas, proclamándose congéneres de personajes por el estilo. Estos fueron atacados por el creador, pero ninguno recibió daño alguno, pues Sabiduría arrebataba de ellos el elemento que le pertenecía, guardándolo consigo.
>
> Sostienen que Judas, el traidor, conocía con precisión estas cosas, siendo el único entre los apóstoles en poseer esta gnosis. Por esto obró el misterio de la traición, por el cual fueron disueltas todas las realidades terrenas y celestiales. Y aducen una falsificación, adjudicándole el título de «Evangelio de Judas».
>
> Reuní algunos de sus escritos, en los que incitan a destruir la obra de *Hystéra* (el útero). Llaman *Hystéra* al creador del cielo y de la tierra. Y afirman que ellos mismos no se salvarán más que pasando a través de todas las obras, al igual que dijo Carpócrates. Un ángel se halla presente en cada uno de los pecados y acciones nefandas, de tal modo que el que obra osa cometer la impureza, pero descarga en el ángel la responsabilidad del acto: «Oh ángel, hago uso de tu obra; oh potestad, realizo tu operación». Y en esto consiste el per-

fecto conocimiento, el lanzarse sin temor a obras tales que ni siquiera está permitido mencionarlas.

Los cainitas, como los gnósticos de la gran corriente setiana, proponían una subversión total de los valores de la tradición bíblica. Todo lo que en la Biblia era amigo de Dios era malo, todo lo que era enemigo de Dios era bueno. De este modo rescatan a la serpiente, a Caín frente a Abel, a Esaú frente a Isaac, a los habitantes de Sodoma y, al fin, a Judas. La traición de Judas formaba parte del plan de salvación de los seres humanos psíquicos, para rescatarlos del dominio de su creador, el Demiurgo. Ireneo da a esta disposición la denominación de «misterio de la traición», término que no se halla en el texto del *Evangelio de Judas*. (Véase el Comentario a la página 57).

El Seudo-Tertuliano *Adversus Omnes Haereses*, capítulo 2, contiene una referencia a los cainitas algo más amplia que la de Ireneo, pero no menciona el *Evangelio de Judas*.

El año 180, por lo tanto, es el límite por arriba de la datación del *Evangelio de Judas*. El límite inferior lo fija la aparición de las corrientes gnósticas, que puede situarse hacia el año 140. Hacia esta época suele datarse la primera redacción del *Apócrifo de Juan*, reseñada también por Ireneo en el capítulo 29 del libro I.

El lugar de la redacción podía ser cualquiera de los ámbitos de lengua griega en los que se originó la gnosis: Asia Menor, Siria, Palestina o Egipto.

El escrito se articula en forma de preguntas y respuestas, como en varios textos de Nag Hammadi (*Diálogo del Salvador, Sabiduría de Jesucristo*...). El contenido doctrinal presenta la siguiente estructura y será analizado en la sección del Comentario:

INTITULADO

I. ENSEÑANZAS ACERCA DEL MUNDO INFERIOR Y SU DIOS

1. Elección de los doce discípulos.
2. Primera enseñanza: el dios del mundo inferior.
3. Intermedio: inicio del diálogo con Judas.
4. Segunda enseñanza: insinuación del Mundo Superior.
5. Tercera enseñanza: el culto al dios del mundo inferior.
6. Cuarta enseñanza: el destino de los seres humanos del mundo inferior.

II. ENSEÑANZAS ACERCA DEL MUNDO SUPERIOR Y SU DIOS

1. Primera descripción del Mundo Espiritual Superior.
2. La revelación del Dios trascendente.
3. La revelación del Segundo Principio.
4. La creación del mundo.
5. La creación del hombre.
6. La descendencia de Adán.

III. El misterio de la traición de Judas

1. La teología de la traición.
2. La historia de la traición.

EL EVANGELIO DE JUDAS

El texto copto ha sido editado por R. Kasser, M. Meyer y G. Wurst. Difundido y puesto a disposición de los estudiosos por la National Geographic Society a través de Internet.

Los números en negrita indican la página del Códice de Minia. Los números en cursiva y entre paréntesis dentro del texto indican diez líneas.

[...] *Laguna en el texto copto.*

[ ] *Restauración conjeturada.*

( ) *Texto añadido por el traductor.*

INTITULADO

33 Tratado Secreto acerca de la revelación que Jesús confió a Judas Iscariote en una conversación que sostuvo con él durante ocho días[1] (y que concluyó) tres días antes de que él celebrara la Pascua.

1. Enseñanzas acerca del mundo inferior y su Dios

1. Elección de los doce discípulos

Jesús se manifestó sobre la tierra y obró milagros y grandes prodigios para la salvación de la humanidad. *(10)* Sucedía que algunos hombres andaban por el camino de la justicia mientras otros discurrían en su transgresión; entonces tuvo lugar la llamada de los doce discípulos.

Comenzó a conversar con ellos acerca de los misterios concernientes al mundo[2] y de los sucesos que tendrán lugar al final. Con frecuencia no se manifestaba (abiertamente) a sus *(20)* discípulos, pero tú vas a hallarlo en medio de ellos como un niño[3].

---

[1] Ocho días: los traductores ingleses traducen «a week». El texto copto dice literalmente «ocho días». Véase el Comentario.

[2] Al mundo: los traductores ingleses traducen «beyond the world», «más allá del mundo». Pero la preposición compuesta copta *hidshen* no admite este significado. Véase el Comentario.

[3] El término copto para «niño», en este lugar, pertenece al dialecto boahírico.

2. *Primera enseñanza: El dios del mundo inferior*

Un día se halló con sus discípulos en Judea y los encontró sentados y reunidos y ejercitándose en las cosas divinas. Cuando se [acercó] a sus discípulos **34** reunidos y sentados y celebrando una acción de gracias sobre el pan, se echó a reír. Los discípulos le dijeron: «Maestro, ¿por qué te ríes de nuestra acción de gracias? Nosotros hemos hecho lo que es conveniente». Él respondió y les dijo: «Ni yo me río de vosotros ni vosotros hacéis esto por vuestra propia voluntad, sino que es por esto *(10)* que vuestro dios será glorificado».

Ellos dijeron: «Maestro, tú [...] eres el hijo de nuestro dios». Jesús les dijo: «¿Realmente me conocéis? En verdad os digo: nadie entre la gente de vuestro entorno me va a conocer».

Cuando sus discípulos oyeron esto *(20)* comenzaron a enojarse y a airarse y a blasfemar contra él en sus corazones. Cuando Jesús se percató de su [incomprensión, dijo:] «¿Por qué os habéis agitado y angustiado? Vuestro dios que está en vuestros corazones y [...] **35** (os ha inducido) al enojo en vuestras almas. Aquel de entre vosotros que se considere fuerte entre los hombres que haga comparecer al hombre perfecto y que se mantenga erguido ante mi faz». Y todos ellos dijeron: «Nosotros somos fuertes». Y sus espíritus no osaron erguirse ante él, excepto

Judas Iscariote. Ciertamente pudo erguirse ante él, pero no pudo mirarlo a los ojos, antes bien se desvió de su rostro.

3. Intermedio: Inicio del diálogo con Judas

[Díjo]le Judas: «Yo sé quién eres y de qué lugar has venido. Tú has venido del inmortal eón de Barbeló. Y yo no soy digno de pronunciar el nombre del que te envió».

Jesús se percató de que Judas estaba pensando en otras cosas excelsas, y le dijo: «Apártate de ellos; yo te revelaré los misterios del reino. Tú puedes alcanzarlos, pero puedes también sufrir mucho, **36** pues otro ocupará tu lugar a fin de que los doce [discípulos] se completen ante su dios».

Y le dijo Judas: «¿Cuándo me revelarás estas cosas y cuándo se alzará el gran día de luz para la generación?».

Ahora bien, después de decir todas estas cosas, Jesús lo dejó.

4. Segunda enseñanza: Insinuación del Mundo Superior

Al día siguiente de estos sucesos, Jesús se [manifestó] a sus discípulos. Y ellos le dijeron: «Maestro,

¿adónde fuiste y qué hiciste cuando nos dejaste?». Jesús les respondió: «Me encaminé a una grande y santa generación». Sus discípulos le dijeron: «Señor, ¿cuál es la gran generación que nos sobrepasa y que es santa y que no está ahora en estos eones?».

Cuando Jesús oyó estas cosas, se echó a reír y les dijo: «¿Por qué pensáis en vuestro corazón acerca de la generación fuerte y santa? **37** En verdad os digo que ninguno de los nacidos en este eón verá a [aquella generación], y ninguna hueste de ángeles de los cielos reinará sobre aquella generación, y ningún hombre nacido mortal la alcanzará, pues aquella generación no viene de [...] que vino a ser [...]. La generación humana que está en vuestro entorno es la que procede de la generación humana. [...] poder que [...] otras potestades [...] por las que vosotros domináis».

Cuando los discípulos hubieron oído estas cosas, se conmovieron todos en sus ánimos[4] y no pudieron decir nada.

[4] El término grecocopto es *pneúma*. En la mayoría de textos gnósticos, este término designa el Mundo Espiritual Superior. Pero hay un uso banal que significa simplemente el alma humana, en contexto estoico. Para expresarlo he rescatado el término castellano «ánimo», procedente del latín *animus*.

5. Tercera enseñanza: El culto al dios del mundo inferior

Otro día Jesús vino a ellos y le dijeron: «Maestro, te vimos en una visión, pues hemos contemplado grandes [sueños durante la] noche que [...].

[Él dijo:] «¿Por qué [...] os escondisteis?».

38 Ellos [dijeron:

« Vimos] una gran casa [con un gran] altar y doce hombres que eran como si dijéramos sacerdotes, y (oímos) un nombre. Una multitud persevera ante aquel altar [hasta que salen] los sacerdotes [y reciben] las ofrendas. Nosotros perseverábamos».

Dijo Jesús:

«¿Qué clase de gente [son los sacerdotes]?».

Ellos [dijeron]:

«Algunos [...] dos semanas; [otros] sacrifican a sus propios hijos, otros a sus mujeres, mientras entre ellos se honran y se humillan. Otros yacen con varones; otros cometen homicidio; otros cometen una multitud de pecados con desprecio de la ley. Y los hombres que están ante el altar invocan tu [nombre] **39** y mientras ellos se hallan inmersos en todas las obras de su deficiencia se van realizando los sacrificios [...]».

Y después de decir estas cosas se callaron conmocionados.

Jesús les dijo:

«¿Por qué os habéis conmocionado? En verdad os digo que todos los sacerdotes que están delante de aquel altar invocan mi nombre. Y os digo todavía: mi nombre ha sido escrito por las generaciones humanas en este [...] de las generaciones de los astros. Y en mi nombre han plantado árboles que vergonzosamente no dan frutos».

Jesús les dijo:

«Vosotros sois los que recibís las ofrendas hechas a aquel altar que habéis visto. Él es el dios a quien servís, y vosotros sois los doce hombres que visteis. El ganado que habéis visto aportado para el sacrificio representa la multitud que habéis engañado **40** ante aquel altar. [El...del mundo] y es de esta manera que usurpará mi nombre, y generaciones de gentes piadosas perseverarán con él. Después de este, otro hombre comparecerá de entre [los fornicadores], y otro todavía comparecerá de entre los homicidas de niños, y otro de entre los que yacen con varones, y los que ayunan y los demás que practican la impureza y el desprecio de la ley, y el error, y aún los que dicen: "Nosotros somos iguales a los ángeles". Ellos son los astros que llevan todas las cosas a su consumación. Pues se dijo a las generaciones humanas: "He aquí que dios ha recibido vuestro sacrificio de las manos de un sacerdote, esto es, del ministro del error". Pero es el Señor, el Señor que está sobre el universo, el que dictamina: "En el último día serán avergonzados"».

41 Jesús les dijo:

«Dejad de [sacrificar...| sobre el altar. Ellos están por encima de vuestras estrellas y de vuestros ángeles y han llegado ya a su consumación. Que [se hagan la guerra] ante vosotros, y dejadlos estar

[*laguna de 15 líneas*]

a las generaciones [...]. Un tahonero no puede alimentar a toda la creación **42** bajo el cielo [...]».

Les dijo Jesús:

«Dejad de disputar conmigo. Cada uno de vosotros tiene su propio astro, y cada uno

[*laguna de 17 líneas*]

43 el que vino a los que [...] fuente del árbol [...] de este eón [...] después de un tiempo [...] vino para abrevar el paraíso de dios y la raza que perdurará, porque no contaminará la [conducta de] aquella *(10)* generación, sino [...] por los siglos de los siglos.

6. *Cuarta enseñanza: El destino de los seres humanos del mundo inferior*

Le dijo Judas:

«Rabí, ¿qué clase de frutos produce esta generación?».

Dijo Jesús:

«Las almas de cada generación humana morirán. Estos, sin embargo, cuando hayan cumplido el tiempo del reinado y salga de ellos el espíritu, sus cuerpos *(20)* morirán, pero sus almas sobrevivirán y serán elevadas».

Dijo Judas:

«¿Y qué se hará del resto de las generaciones humanas?»

Dijo Jesús:

«Es imposible **44** sembrar sobre roca y recoger sus frutos. Esta es también la manera [...] la generación [...][5] y la Sabiduría corruptible [...] la mano que creó al hombre mortal, de modo que sus almas asciendan a los eones superiores. En verdad os digo: [...] ángel [...] *(10)* potestad podrá ver [...] las santas generaciones [...]».

Después de decir estas cosas, Jesús se fue.

II. Enseñanzas acerca del Mundo Superior y su Dios

1. Primera descripción del Mundo Espiritual Superior

Judas dijo:

«Así como los has escuchado a todos ellos, ahora escúchame a mí, pues he contemplado una gran visión».

---

[5] Los editores ingleses conjeturan aquí *etjohm*, «contaminada». Por el contexto, considero muy insegura esta reconstrucción. Véase mi Comentario.

Cuando Jesús hubo escuchado, se echó a reír *(20)* y le dijo:

«¿Por qué te tomas tanto trabajo, oh decimotercero espíritu[6]? En fin, explícate y lo compartiré contigo».

Le dijo Judas:

«En la visión vi cómo los doce me apedreaban **45** y me perseguían [tenazmente]. Seguidamente fui al lugar donde [... buscándote]. Vi [una casa] y mis ojos no pudieron [calcular] su medida. Una multitud de personas la rodeaban. Y aquella casa [tenía] un jardín en la terraza, y en medio de la casa había una [multitud] [...]

[...] diciendo: maestro, hazme entrar con esta gente».

Jesús respondió y dijo:

«Judas, tu astro te ha engañado. Te digo que ningún hombre nacido mortal puede entrar en la casa que has visto, porque se trata de un lugar reservado para los santos. *(20)* Es un lugar en el que no dominan ni el Sol ni la Luna, ni tampoco el día. Pero ellos (los santos) morarán por siempre en el eón con los santos ángeles. He aquí que te he explicado los misterios del reino **46** y te he instruido [acerca del] error de los astros y [...] enviar [...] sobre los doce eones».

Dijo Judas:

---

[6] Este «espíritu» se refiere aquí al «ánimo» (véase la nota 4), pero la expresión «decimotercero ánimo» me parecería muy chocante.

«Maestro, ¿acaso incluso mi simiente está sometida a los arcontes?».

Respondió Jesús y le dijo:
«Acércate y yo [...]
(10) [...]
sino que te afligirás mucho al ver el reino y toda su generación».

Cuando oyó estas palabras, Judas le dijo:
«¿Qué es esta cosa excelente que he recibido? Pues me has separado de aquella generación».

Jesús respondió y dijo:
«Tú serás *(20)* el decimotercero y serás acusado por el resto de las generaciones, y llegarás a dominar sobre ellos. En los últimos días reprobarán tus ascensiones[7] **47** a la santa generación».

2. *La revelación del Dios trascendente*

Dijo Jesús:
«[Ven] a fin de que te instruya acerca de [los secretos] que ningún ser humano ha visto nunca».

Existe, en efecto, un grande e infinito eón cuya magnitud jamás vio ninguna generación de ángeles y en el cual hay un gran espíritu invisible;

---

[7] «Ascensiones», en plural. Los traductores ingleses lo dan en singular.

a este no lo vio el ojo de ningún ángel,
ni jamás lo comprendió el pensamiento de un corazón
ni nadie jamás lo llamó con un nombre.

3. La revelación del Segundo Principio

Y en aquel lugar apareció una nube luminosa.

Y él dijo: que venga a existir un ángel como auxiliar mío.

Y un gran ángel, el Autogenerado divino de luz, salió de la nube. Y a causa de él vinieron a la existencia otros cuatro ángeles procedentes de otra nube, y fueron los auxiliares del ángel Autogenerado.

Y dijo **48** el Autogenerado: que exista [...], y vino a existir [...]. Y creó el primer Luminar para reinar sobre él.

Y dijo: que vengan a existir ángeles para servirlo. Y vinieron a existir en número incontable.

Y dijo: que exista un eón de luz, y existió.

Creó el segundo Luminar para reinar sobre él, juntamente con un número incontable de ángeles para servir. Y de este modo creó el resto de los eones de luz. Y les concedió reinar sobre ellos, y creó para ellos un número incontable de ángeles para su servicio.

Y Adamás estaba en la primera nube luminosa, a la que nunca había visto ningún ángel entre todos los que son llamados así: «dios».

Y él **49** [...] la imagen [...] y según la semejanza de [este] ángel. Y manifestó la incorruptible [generación] de Set [...] los doce [...] los veinticuatro [...].

4. La creación del mundo

Manifestó setenta y dos luminares en la generación incorruptible según la voluntad del espíritu. Los setenta y dos luminares, por su parte, manifestaron 360 luminares en la generación incorruptible, según la voluntad del espíritu, para que su número fuese cinco para cada uno.

El padre de ellos consiste en los doce eones de los doce luminares, de modo que a cada eón le corresponden seis cielos, con lo cual hay setenta y dos cielos para los setenta y dos luminares, y para cada uno **50** de [ellos cinco] firmamentos, [de modo que hay] 360 [firmamentos]. Se [les] dio potestad y una [gran e innumerable] hueste de ángeles para gloria y servicio. [...] también espíritus virginales para gloria y [servicio] de todos los eones y de los cielos y de sus firmamentos.

La multitud de aquellos inmortales es denominada cosmos, es decir, corrupción, por el padre y los setenta y dos luminares que están con el Autogenerado y sus setenta y dos eones. El hombre primordial se manifestó a partir del (Autogenerado) con sus incorruptibles potestades. El eón que se manifestó con su generación, el eón en el que se halla la nube de la gnosis y el ángel, es denominado **51** El[elet][8]

dijo [...]: Que existan doce ángeles para reinar sobre el caos y [el infierno]. Y he aquí que de aquella nube se manifestó un [ángel] cuyo rostro emanaba fuego, mientras su figura estaba contaminada con sangre. Su nombre era Nebro, que se interpreta «apóstata». Otros lo llaman Yaldabaot. Otro ángel todavía vino de la nube, Saclas. Nebro creó seis ángeles, y Saclas, como auxiliares y estos engendraron doce ángeles en los cielos; cada uno de ellos recibió una porción en los cielos.

Los doce arcontes hablaron con los doce ángeles: que cada uno de vosotros **52** [...]

ángeles:

El primero es Set, al que llaman Cristo.

El [segundo] es Harmathot, que [...]

El [tercero] es Galila.

El cuarto es Yobel.

El quinto es Adonaios.

Estos son los cinco que reinan sobre el infierno, y en primer lugar sobre el caos.

---

[8] En el manuscrito hay un vacío (*vacat*) de algunas letras después de este nombre. Si se tratara de un pasaje simplemente corrupto, podríamos conjeturar que el texto decía «Elelet». Propongo trasladar la conjetura al texto griego, en virtud del significado de este nombre que explico en el Comentario.

5. *La creación del hombre*

Entonces dijo Saclas a sus ángeles: Creemos un hombre a semejanza y a imagen. Ellos modelaron a Adán y a su mujer Eva, *(20)* a la cual en la nube llaman Zoé. Pues en virtud de este nombre todas las generaciones la buscan, y cada uno de ellos la llaman con estos nombres.

Ahora bien, Saclas no **53** [mandaba] [...] las generaciones [...]. Y el arconte le dijo: vivirás [tu] intervalo de tiempo con tus hijos.

6. *La descendencia de Adán*

Dijo Judas a Jesús:

«¿Cuál será la duración de la vida *(10)* del hombre?».

Dijo Jesús:

«¿De qué te extrañas? El hecho es que Adán, con su descendencia, recibió su intervalo de tiempo en el mismo lugar en el que recibió su reino, (intervalo) de magnitud idéntica a la de su arconte».

Dijo Judas a Jesús:

«¿Muere el espíritu del hombre?».

Dijo Jesús:

«Por este motivo, Dios ordenó *(20)* a Miguel que los espíritus de los hombres les fueran otorgados a modo de préstamo para que sirvieran. Ahora bien, la Grandeza ordenó a Gabriel dar espíritus a la gran generación indómita —esto significa el espíritu y el alma. Por este motivo, el resto de las almas **54**

[...] el espíritu que está en vosotros [que hicisteis que] habitara en vuestra [carne] entre generaciones de ángeles. Pero Dios hizo que la gnosis fuera concedida a Adán y a los suyos, a fin de que los reyes del caos y del infierno no señorearan sobre ellos».

Entonces dijo Judas a Jesús:

«¿Qué harán aquellas generaciones».

Dijo Jesús:

«En verdad os digo que los astros los llevarán a término a todos ellos. Cuando Saclas haya completado el intervalo de tiempo que le fue concedido, vendrá el primer astro de ellos con las generaciones, y lo que se había predicho se realizará[9]. Entonces fornicarán en mi nombre y asesinarán a sus hijos **55**
y ellos [...]

[laguna de cinco líneas]

en mi nombre, y él [...] tu astro sobre el decimotercero eón».

Después de esto, Jesús se [echó a] reír. Dijo Judas: «Maestro, [¿por qué te ríes de nosotros?]».

Respondió [Jesús y dijo]:

---

[9] Entiendo que estos dos versos están en voz pasiva en el original copto.

«No me río [de vosotros], sino del error de los astros, porque estos seis astros erran con esos cinco combatientes, y todos estos *(20)* serán destruidos con sus criaturas».

Dijo Judas a Jesús:

«¿Qué harán los que han sido bautizados en tu nombre?».

Jesús dijo:

«En verdad te digo que este bautismo **56** [...] mi nombre [...]

[*laguna de cinco líneas*]

III. El misterio de la traición de Judas

1. La teología de la traición

«En verdad te digo, Judas, que [los que] ofrecen sacrificios a Saclas [...] dios [...]

toda obra mala. Pero tú los sobrepasarás a todos, pues sacrificarás al hombre que me reviste».

Ya se levanta tu cuerno
  y se enciende tu ira,
tu astro transita
y tu corazón [...].

57«En verdad [te digo]: Tus últimos [...]

[*seis líneas con palabras sueltas*]

el arconte que será destruido. Y entonces será enaltecida la figura de la gran generación de Adán, porque aquella generación existe previamente al cielo, a la tierra y a los ángeles, procedente del eón.

He aquí que todo te ha sido revelado. Levanta tus ojos y contempla la nube y la luz que hay en ella y los astros que la rodean: el astro que hace de guía, este es tu astro».

Judas miró hacia arriba y vio la nube de luz y entró en ella. Los que se hallaban alrededor en la parte de abajo oyeron una voz que venía de la nube y que decía: **58** [...] gran generación [...] imagen [...]

[*cinco líneas con letras sueltas*]

2. *La historia de la traición*

Los sumos sacerdotes murmuraron porque [él] había penetrado en la estancia para su plegaria. Pero había allí algunos escribas que estaban observando en orden a prenderlo durante la plegaria, pues temían al pueblo, ya que todos lo tenían por profeta. Y se acercaron a Judas y le dijeron:

«¿Qué estás haciendo aquí? Tú eres discípulo de Jesús».

Él les respondió según el deseo de ellos. Entonces Judas recibió dinero y lo entregó.

El Evangelio de Judas.

Comentario

INTITULADO

Tratado Secreto acerca de la revelación que Jesús confió a Judas Iscariote en una conversación que sostuvo con él durante ocho días (y que concluyó) tres días antes de que él celebrara la Pascua. (**Pág. 33.**)

Comentario

«Tratado»: grecocopto *logos*. Este término griego puede traducirse de muy diversas maneras. Los posibles significados que nos conciernen son: palabra, razón, oráculo, tratado y relato (o relación).

Oráculo y razón parecen los menos apropiados al contexto.

Si el término estuviera en plural, traduciríamos «palabras». Esta es la expresión que se halla en dos *incipit* parecidos a este, el del *Evangelio de Tomás* y el del *Libro de Tomás el Atleta* de Nag Hammadi:

> Estas son las palabras secretas que Jesús el Viviente ha dicho y que ha escrito Dídimo Judas Tomás. (*Evangelio de Tomás, Nag Hammadi* II, 1, pág. 32, (10)-11.)

> Palabras secretas que dijo Jesús a Judas Tomás, las que transcribí yo mismo, Matías, mientras iba andando oyéndolos hablar el uno con el otro. (*Libro de Tomás el Atleta, Nag Hammadi* II, 7, pág. 138, 1-3.)

El término *logos* en singular aparece en otros dos textos de Nag Hammadi:

> Segundo tratado (*logos*) del Gran Set. (*Nag Hammadi* VII, 2, pág. 70, 11-12.)

> Este es el discurso (*logos*) que Santiago el Justo pronunció en Jerusalén y que puso por escrito Mareim. (*Segundo Apocalipsis de Santiago, Nag Hammadi* V, 4, pág. 44, 12-13.)

En otros ámbitos de la literatura de la época hallamos el término griego *logos* utilizado en el sentido de «tratado», por ejemplo, en el *Corpus Hermeticum*. Hechas estas consideraciones, queda por escoger entre «tratado» y «relato» (relación). Los traductores ingleses se han inclinado por «account» (relación). Observo que en nuestro texto, el *logos* no se refiere directamente a la «conversación», sino a una «revelación». Se trata de un «logos de revelación». La traducción más precisa me parece, pues, la de «tratado».

Secreto. El término copto *ethep* traduce el griego *apókriphon*, que aparece tanto en el *incipit* como en el *explicit* del *Apócrifo de Juan* de Nag Hammadi con el significado de «Libro secreto de Juan». Toda la literatura gnóstica era de carácter secreto, reservada a la élite de los escogidos. En este aspecto se diferenciaba radicalmente de la literatura maniquea, que comenzó a circular en griego a finales del siglo III, y que estaba dirigida a todo el mundo.

Revelación. Para este concepto, el autor aduce al término grecocopto *apóphasis*. En lengua griega, *apóphasis* significa literalmente «declaración». El concepto de «revelación» se expresa usualmente en esta época con el término *apokálipsis*. En la biblioteca de Nag Hammadi hay varios tratados con este título: *Apocalipsis de Adán, Apocalipsis de Pablo, Apocalipsis de Pedro, Apocalipsis de Santiago*. El término *apóphasis* en el sentido de «revelación» se halla en un escrito que Hipólito de Roma atribuye a Simón el Mago: *Apóphasis Megále*, la «Gran Revelación» (*Refutatio* VI, 5, 4) y que es un tratado gnóstico.

En este tipo de obras hay que distinguir entre la figura del revelador, la de la persona que recibe la revelación y la del escriba que la consigna por escrito.

Estos tres agentes aparecen con claridad en el *incipit* del *Libro de Tomás el Atleta:*

> Palabras secretas que dijo Jesús a Judas Tomás, las que transcribí yo mismo, Matías, mientras iba andando oyéndolos hablar el uno con el otro. (*Libro de Tomás el Atleta, Nag Hammadi* II, 7, pág. 138, 1-3.)

En el *Evangelio de Tomás*, citado anteriormente, el destinatario y el escriba son la misma persona, Tomás.

En el *incipit* de nuestro Evangelio aparecen solo dos agentes, el revelador, Jesús, y el destinatario de la revelación, Judas. El escriba no es mencionado. Ahora bien, el *explicit* de este escrito es: *El evangelio de Judas*. ¿Significa esto que el escrito se atribuye al mismo Judas? No necesariamente. La frase puede significar «Evangelio *según* Judas». El denominado *Evangelio de María* del Códice de Berlín contiene también revelaciones de Jesús a María Magdalena, pero el *explicit* reza: *El evangelio según María*. Respecto al *Evangelio de Felipe* de Nag Hammadi (II, 3), todos los críticos coinciden en admitir que el apóstol Felipe no es ni el destinatario de las doctrinas ni el escriba. Cabe concluir, pues, que ignoramos quién es el autor del *Evangelio de Judas*. Se da por supuesto, sin embargo, que fue Judas el que informó al escriba acerca de las revelaciones recibidas. El escriba ordenó sistemáticamente los temas y editó su trabajo en forma de tratado doctrinal.

Acerca de la figura de Judas Iscariote, véase el último apartado del Comentario.

Durante ocho días. Los traductores ingleses ofrecen: «during a week». Ahora bien, en copto la semana se denomina «el siete» (*psaschf)*, no «el ocho», y aparece mencionada como «hebdómada» en la página 38, 15. Por otra parte, los gnósticos especularon profusamente sobre el ocho y la «ogdóada»:

> Igualmente la economía del arca en el momento del diluvio, en la que fueron salvados ocho hombres, indica claramente la Ogdóada salvadora. David significaba lo mismo por ser el octavo entre sus hermanos. También la circuncisión, que se hace en el día octavo, manifiesta la circuncisión de la Ogdóada superior. Sistemáticamente, todo lo que en las Escrituras puede tener relación con el número ocho, da cumplimiento, en su opinión, al misterio de la Ogdóada. (Ireneo de Lyon, *Adversus Haereses* I, 18, 3.)

En un texto de carácter altamente especulativo como este Evangelio, creo que el número ocho reviste significaciones doctrinales, y que por tanto hay que mantenerlo.

I. Enseñanzas acerca del mundo inferior y su dios

1. Elección de los doce discípulos

Jesús se manifestó sobre la tierra y obró milagros y grandes prodigios para la salvación de la humani-

dad. Sucedía que algunos hombres andaban por el camino de la justicia mientras otros discurrían en su transgresión; entonces tuvo lugar la llamada de los doce discípulos. (**Pág. 33.**)

COMENTARIO

La figura de Jesús reviste entre los gnósticos una extraordinaria complejidad. El Concilio de Calcedonia es un juego de niños al lado de las especulaciones de la cristología gnóstica. En el *Evangelio de Judas*, el sistema teológico en el que se inserta la figura de Jesús viene expuesto a partir de la página 47; remito al lector a mis Comentarios a este pasaje. Aquí glosaré únicamente los aspectos indispensables para comprender el texto comentado.

Jesús aparece en este pasaje como hijo del dios creador de este mundo, no como Hijo del Dios Supremo. Los gnósticos de todas las corrientes coincidían en afirmar que este mundo había sido creado por un dios inferior, al que algunos tildan de simplemente ignorante y otros de directamente perverso. Los griegos lo habían denominado «Demiurgo», y los judíos «Yahvé». Este dios creador no era, sin embargo, eterno, sino que procedía del Dios Supremo en virtud de un complicado proceso de derivación que más adelante explicaré.

Los gnósticos interpretaban a su manera el siguiente pasaje del *Evangelio de Lucas*:

Envió Dios al ángel Gabriel a una ciudad de Galilea, que se llamaba Nazaret, a una joven prometida a un hombre de la estirpe de David, de nombre José; la joven se llamaba María. El ángel, entrando a donde estaba ella, le dijo:

—Alégrate, favorecida, el Señor está contigo.

Ella se turbó al oír estas palabras, preguntándose qué saludo era aquel. El ángel le dijo:

—Tranquilízate, María, que Dios te ha concedido su favor. Pues, mira, vas a concebir, darás a luz un hijo y le pondrás de nombre Jesús. Será grande, se llamará Hijo del Altísimo, y el Señor Dios le dará el trono de David su antepasado; reinará para siempre en la casa de Jacob y su reinado no tendrá fin. (2, 26-33.)

Según la interpretación gnóstica más corriente, Gabriel era un miembro de la corte angélica del dios creador o demiurgo. Sin embargo, en un pasaje posterior, el *Evangelio de Judas* (pág. 53, 25) adscribe a Gabriel entre los ángeles del Mundo Espiritual Superior. Las expresiones «el Señor«, «Dios» y «Altísimo» se refieren al dios creador, no al Dios Supremo. Consiguientemente, el ser humano que nace de María es hijo del dios creador. Así lo enseñaban explícitamente los valentinianos:

Los hay que afirman que el Demiurgo emitió también un Cristo, su propio hijo, pero anímico también, y que habló de él a través de los profetas. Este es el que pasó a través de María como el agua a través de un canal. (Ireneo de Lyon, *Adversus Haereses* I, 7, 2.)

Este hijo recibe también al nacer el elemento divino espiritual procedente del Espíritu Santo, pero de modo solamente incoativo, destinado a perfeccionarse a raíz de su bautismo en el Jordán.

El dios creador había creado al hombre en el paraíso y le había insuflado su espíritu vital, es decir, el alma. El alma humana pertenece, por lo tanto, al universo demiúrgico, es decir, a la esfera del dios inferior. Los gnósticos valentinianos y, en cierta medida, las demás corrientes, denominaban a este hombre creado por el demiurgo «hombre psíquico» o «anímico» (aquí usaré las dos denominaciones) y lo contraponían al «hombre espiritual», que era el que poseía la chispa luminosa procedente del Dios Supremo. Hay, por lo tanto, una humanidad anímica, que es la que procede del dios creador.

Jesús hijo de María es engendrado por el dios inferior para enseñar a las almas el camino de la rectitud y de este modo otorgarles la salvación en el seno del universo anímico o demiúrgico. El espacio de esta iniciativa de salvación demiúrgica es, de entrada, el pueblo de Israel, y su vocación es extenderse a toda la humanidad. El Jesús anímico —que así lo denominaremos— ejerce su ministerio entre los judíos de su época, en medio de los cuales predica y obra milagros. Su propósito es llevarlos «por el camino de la justicia», esto es, de la bondad moral ya enseñada por la Sagrada Escritura de los judíos.

Los gnósticos valentinianos enseñaban con toda claridad que Jesús había venido a obrar la salvación de los dos tipos humanos, el anímico o psíquico y el espiritual:

> El gran luchador Jesucristo asumió virtualmente en sí mismo la iglesia, tanto el elemento elegido como el llamado (cf. *Mateo* 20, 16) —uno es espiritual, procedente de la que lo engendró (*la Sabiduría divina*); otro es el psíquico, salido de la economía (*de salvación*)— y salvó y elevó todo lo que había asumido. (Clemente de Alejandría, *Excerpta ex Theodoto,* 58.)

Los simplemente «llamados» son los pertenecientes al mundo anímico; los «elegidos» son los del Mundo Espiritual. Jesús aporta salvación para todos ellos. Esto es lo que enuncia también el pasaje del *Evangelio de Judas* que comentamos.

Para llevar a cabo su obra, Jesús se agencia la colaboración de doce discípulos. El autor del *Evangelio de Judas* se remite evidentemente a las narraciones de los Evangelios canónicos.

> *Comenzó a conversar con ellos acerca de los misterios concernientes al mundo y de los sucesos que tendrán lugar al final. Con frecuencia no se manifestaba (abiertamente) a sus discípulos, pero tú vas a hallarlo en medio de ellos como un niño.* (**Pág. 33.**)

COMENTARIO

El objeto de la enseñanza del Jesús anímico a su discípulos, pertenecientes también al universo anímico, versa sobre el mundo del creador inferior y el final de este mundo. Las realidades del Mundo Espiritual Superior serán objeto de la revelación del Jesús Espiritual a Judas, a partir de la página 43 del texto.

El ámbito de la enseñanza propia del universo anímico es descrito en un importante pasaje del libro de Ireneo de Lyon contra los gnósticos:

> Y (el Demiurgo) permaneció en la ignorancia hasta la venida del Salvador. Cuando vino el Salvador, aprendió de él todo y se adhirió a él gozosamente con toda su cohorte. Este es el centurión que aparece en el Evangelio diciendo al Salvador: «También yo tengo bajo mi mando soldados y siervos y, lo que les mande, harán» (*Mateo* 8, 9). Él continuará la economía que concierne al mundo hasta el tiempo oportuno, principalmente a través del cuidado de la Iglesia y con conocimiento del premio que le aguarda, puesto que irá al lugar de la Madre. (Ireneo de Lyon, *Adversus Haereses* I, 7, 4.)

Este pasaje se refiere a los gnósticos valentinianos, que profesaban una visión muy dulcificada del dios creador o demiurgo, según la cual tuvo su propio movimiento de conversión y pasó a ser el maestro y protector de los hombres «anímicos», reunidos ya en la Iglesia, que es también una institución perteneciente al mundo inferior o anímico. Los gnósticos de la rama setiana enseñaban una visión más negativa del dios creador, como veremos más adelante.

Por medio de su enseñanza a los doce discípulos, el Jesús anímico contribuye a la obra de su padre el dios creador inferior. Los Espirituales, es decir, los seres humanos poseedores de la chispa divina procedente del Dios Supremo, también pueden beneficiarse de esta enseñanza anímica, que versa sobre la buena conducta y la condición de este mundo. Esto es cabalmente lo que sostenían los valentinianos según Ireneo de Lyon:

> Los seres espirituales son aquí enseñados y educados durante cierto tiempo por almas justas, puesto que fueron enviados en estado inmaduro. (*Adversus Haereses* I, 7, 5.)

Estas «almas justas» son los seres humanos anímicos pertenecientes al universo del dios creador, cuya perfección consiste en la «justicia».

Judas, que pertenece al Mundo Superior, recibe, de acuerdo con esta doctrina, enseñanzas anímicas, en este caso impartidas por el mismo Jesús.

En los escritos gnósticos es frecuente que el Cristo Superior se presente bajo la forma de un niño, como en el pasaje que aquí comentamos: *tú vas a hallarlo en medio de ellos como un niño*.

Un niño es la forma bajo la que se presenta el Segundo Principio Divino en el *Apócrifo de Juan* de Nag Hammadi:

> Mientras reflexionaba sobre estas cosas, los cielos se abrieron y la entera creación que está bajo el cielo refulgió y todo el mundo se conmovió. Yo temí y me incliné al ver en la luz a un niño de pie junto a mí. Mientras lo miraba se transformó en un viejo corpulento. Después cambió de forma y volvió a ser simultáneamente un niño pequeño ante mí. (*Apócrifo de Juan, Nag Hammadi* II,1, págs. 1, 30-2, 6.)

Es un niño también el que en una ocasión guía al apóstol Pablo:

> (Pablo) se dirigió al niño diciendo: ¿Qué camino tomaré para subir a Jerusalén? El niño contestó diciendo: Di tu nombre, a fin de que te muestre el camino. Sabía quién era Pablo. Quiso mostrarse afable con él por medio de sus palabras a fin de hallar excusa para conversar con él. El niño tomó la palabra y dijo: Sé quién eres, Pablo, que tú eres el que fue bendecido desde el vientre de su madre. Ahora bien, yo he venido a fin de que subas a Jerusalén hacia tus colegas apóstoles. Por esto has sido llamado. Yo soy el Espíritu que hace camino contigo. (*Apocalipsis de Pablo, Nag Hammadi* V, 2, pág. 18, 6-23.)

Hipólito de Roma reseña:

Valentín declara haber visto a un niño pequeño, acabado de nacer, al cual preguntó quién era. El niño respondió que era el Logos. (*Refutatio* VI 42, 2.)

También los maniqueos denominaron «niño» al Tercer Enviado, el equivalente del Logos cristiano. (cf. *Kephalaion* 7, pág. 35, 28.)

El Mensajero del Mundo Superior, ya sea el Logos, Cristo o el Espíritu Santo, adopta para presentarse a los hombres la forma provocadora de un niño, no para insinuar su condición de Hijo del Principio Supremo, sino para indicar que la revelación no puede esperarse de la raza humana corrompida, sino de algo absolutamente nuevo. Los apóstoles van a recibir enseñanza de quien menos podían esperar: de un niño. Solo Judas comprenderá el significado de este modo de presencia.

2. Primera enseñanza: El dios del mundo inferior

Un día se halló con sus discípulos en Judea y los encontró sentados y reunidos y ejercitándose en las cosas divinas. Cuando se [acercó] a sus discípulos reunidos y sentados y celebrando una acción de gracias sobre el pan, se echó a reír. Los discípulos le dijeron: «Maestro, ¿por qué te ríes de nuestra acción de gracias? Nosotros hemos hecho lo que es conve-

niente». Él respondió y les dijo: «Ni yo me río de vosotros ni vosotros hacéis esto por vuestra propia voluntad, sino que es por esto que vuestro dios será glorificado». (**Pág. 34.**)

Comentario

En los Evangelios canónicos, como hemos visto, la elección de los discípulos tiene lugar en Galilea, y la mayor parte de la instrucción de Jesús tiene lugar también allí. La narración tradicional no permite fácilmente discernir un espacio en Judea donde los discípulos se reúnan habitualmente.

En el primer inciso, los discípulos están *ejercitándose en las cosas divinas*. De acuerdo con el contexto establecido en el apartado anterior, se trata de prácticas de la religiosidad del mundo demiúrgico, enseñadas por el Jesús anímico.

En el segundo inciso, la práctica religiosa es *una acción de gracias sobre el pan*. En los Evangelios canónicos, esta expresión se refiere inequívocamente a la institución de la eucaristía en la última cena:

> Cogiendo un pan, dio gracias (*eucharistésas*), lo partió y se lo dio. (*Lucas* 22, 19.)

Ahora bien, esta acción tuvo lugar poco antes de la pasión, por tanto, el inciso sería aquí anacrónico. Pero el *Evangelio de Judas* podría más bien referirse a la oración del Padrenuestro, enseñada por Jesús (*Mateo* 6, 9-13). En ella se invoca al *padre nuestro que estás en los cielos*. Este padre es el dios creador, el padre del Jesús anímico, al que la Escritura hebrea sitúa «en los cielos». Para los gnósticos, «los cielos» no son nunca el Mundo Espiritual Superior, sino los mundos estelares donde habita el demiurgo. En la oración se pide a dios «el pan nuestro de mañana (o de cada día) y se glorifica a dios: «santificado sea tu nombre». Nuestro autor, en consecuencia, podría estar describiendo una simple comida de los discípulos en la que estos bendicen el pan dando gracias a dios y glorificándolo.

Se echó a reír.

En este Evangelio, Jesús se ríe de los discípulos y también de Judas. En el *Apócrifo de Juan*, Jesús se limita a sonreír. (*Nag Hammadi* II, 1, pág. 22, 12).

En cambio, sí se menciona la risa de la Sabiduría exterior en el momento dramático de su caída:

> De su risa provino la sustancia luminosa. (Ireneo de Lyon, *Adversus Haereses* I, 4, 2.)

Y también:

> Se dice que ella (la Sabiduría exterior) ríe porque permaneció sola e imitó al Incontenible. Se dice también que ríe porque se separó de su compañero. (*Exposición valentiniana, Nag Hammadi* XI, 2, pág. 34, 33-35.)

Pero estas risas precósmicas difícilmente pueden explicar la risa de Jesús.

Con el trazo esperpéntico de la risa de Jesús, el autor del *Evangelio de Judas* pretende marcar la distancia entre Jesús y los discípulos, y luego entre un Judas inmaduro (véase el pasaje de Ireneo I, 7, 5, citado anteriormente) y su instructor espiritual.

Esta distancia respecto a los discípulos viene subrayada por la respuesta de Jesús a su queja: *«Ni yo me río de vosotros ni vosotros hacéis esto por vuestra propia voluntad, sino que es por esto que vuestro dios será glorificado»*. Ni algo tan sencillo como rezar y dar gracias depende de la voluntad de los discípulos, pertenecientes a un universo anímico degradado. Es Jesús quien ha puesto la oración en su boca, y por medio de esta oración el dios creador recibe la gloria que le corresponde.

Ellos dijeron: «Maestro, tú [...] eres el hijo de nuestro dios». Jesús les dijo: «¿Realmente me conocéis? En verdad os digo: nadie entre la gente de vuestro entorno me va a conocer».

Cuando sus discípulos oyeron esto comenzaron a enojarse y a airarse y a blasfemar contra él en sus corazones. Cuando Jesús se percató de su [incomprensión, dijo:] «¿Por qué os habéis agitado y angustiado? Vuestro dios que está en vuestros corazones y [...] (os ha inducido) al enojo en vuestras almas. Aquel de entre vosotros que se considere fuerte entre los hombres que haga comparecer al hombre perfecto y que se mantenga erguido ante mi faz». Y todos ellos dijeron: «Nosotros somos fuertes». Y sus espíritus no osaron erguirse ante él, excepto Judas Iscariote. (**Págs. 34-35.**)

COMENTARIO

La pregunta de los discípulos hace referencia al único dios que conocían, el dios creador, Yahvé dios de Israel. La pregunta implica en realidad una afirmación, y así lo entiende Jesús: «Tú eres el hijo de Yahvé».

La respuesta de Jesús es irónica, e implica una afirmación: creéis conocerme, pero no me conocéis. Esto significaba: «No es falso que yo sea hijo del dios creador, pero mi ser espiritual proviene del Mundo Espiritual Superior, que vosotros no conocéis. Vosotros formáis parte de un mundo que nunca conocerá mi realidad espiritual».

Los gnósticos profesaban diferentes concepciones de la humanidad anímica. Para los valentinianos, los anímicos que hubieran observado buena conducta gozarían de una felicidad eterna en compañía del demiurgo. Algunas ramas setianas tenían concepciones más negativas de los sujetos del dios creador, como también del mismo dios, y los destinaban a la extinción. Nuestros setianos conocen una salvación anímica, pues de lo contrario no tendría sentido la obra y la predicación del Jesús anímico. Pero esta salvación no implicaba en ningún caso el conocimiento de la esencia espiritual de Jesús, conocimiento reservado por definición a los gnósticos o espirituales. Más adelante, al exponer el sistema doctrinal de este Evangelio, volveré sobre esta cuestión.

La reacción de los discípulos conforma un cuadro conocido por otros textos.

Los mismos Evangelios canónicos mencionan la incredulidad o la resistencia de los discípulos:

> Entonces Pedro lo tomó aparte y comenzó a increparlo:
>
> —¡Líbrete Dios, Señor! No te pasará a ti eso.
>
> Jesús se volvió y dijo a Pedro:
>
> —¡Quítate de mi vista, Satanás! Eres un peligro para mí, porque tu idea no es la de Dios, sino la humana. (*Mateo* 16, 22-23.)

La mayoría de escuelas gnósticas admite el carácter espiritual de los apóstoles, pero les atribuyen un momento anímico o de incredulidad:

> Los apóstoles y los evangelistas. Ellos son los discípulos del Salvador y maestros, pero que necesitan ellos mismos instrucción. (*Tratado Tripartito, Nag Hammadi* I, 5, pág. 116, 14-20.)

> Cuando todavía no habían captado contemplación alguna, huyeron antes de haber escuchado que Cristo había sido crucificado. (*La interpretación del conocimiento, Nag Hammadi* XI, 1, pág. 1, 16-20.)

> (*Habla el apóstol Andrés*): Decid lo que os parezca acerca de lo que (*María*) ha dicho. Yo, por mi parte, no creo que el Salvador haya dicho estas cosas. Estas doctrinas son bien extrañas. (*Evangelio de María, Códice de Berlín* página 17, 11-14.)

Para la mayoría de escuelas gnósticas, los apóstoles, al igual que Jesús, tenían dos momentos en su vida interior. Por su alma pertenecían al universo del creador de este mundo, del demiurgo. En este sentido, pertenecían al mundo de la ignorancia y tenían necesidad de ser instruidos, tanto en las realidades del mundo inferior como en las del mundo superior. Pero participaban esencialmente del Mundo Espiritual Superior y estaban destinados a ser los maestros de los seres humanos espirituales que seguirían las enseñanzas de Jesús.

En el *Evangelio de Judas*, sin embargo, los discípulos (nunca denominados «apóstoles») pertenecen definitiva e irremediablemente al mundo del creador demiúrgico. En términos técnicos de la gnosis: eran psíquicos o anímicos, no espirituales. Eran susceptibles de recibir las enseñanzas morales del Jesús anímico, del hijo del demiurgo, pero no tenían acceso al conocimiento de la realidad espiritual de Jesús. Esto es lo que Jesús les declara sin ambages: *Vuestro Dios que está en vuestros corazones y [...] (os ha inducido) al enojo en vuestras almas*.

Es cierto que el *Evangelio de Judas* termina abruptamente, y desconocemos cuál era la narrativa del autor respecto a los episodios de la muerte, la resurrección y la obra posterior de Jesús. La mayoría de textos gnósticos asignan a los apóstoles una situación anímica antes de la Pascua y una situación espiritual después de ella. Con todo, los términos con los que nuestro Evangelio describe al grupo de los discípulos son duros y categóricos: se trata de hombres definitivamente pertenecientes a la esfera demiúrgica.

La delimitación del espacio ocupado por los discípulos viene corroborada por la definición de la entidad espiritual de Judas. Jesús somete a los discípulos a la prueba gnóstica por excelencia: el conocimiento. Los desafía a manifestar al «hombre perfecto». Con esta expresión los gnósticos designaban al poseedor de la chispa divina procedente del Mundo Espiritual Superior. En efecto, la pertenencia de un ser humano al Mundo Espiritual Superior se manifiesta por medio del conocimiento. El espiritual reconoce al espíritu. A este acto de reconocimiento, los maestros gnósticos lo denominan «erguirse» (copto *aherat*). El espiritual reconoce en Jesús a un ser perteneciente al Mundo Superior. Los discípulos han sido incapaces de realizar este acto de conocimiento. Todo lo que han podido aducir es que Jesús es hijo del demiurgo. El texto que comentamos puede glosarse se esta manera: «Nosotros somos fuertes, pues poseemos el conocimiento: en efecto, sabemos que tú eres el hijo del dios de Israel». Pero esto es en realidad un acto de ignorancia. Los discípulos no han podido «erguirse» ante Jesús para reconocer su verdadera realidad.

Pero Judas sí. Judas *pudo erguirse ante él*, es decir, pudo reconocer su realidad espiritual, como veremos en las líneas siguientes. Ahora bien, esta esencia divina de Jesús es tan intensa que Judas no puede mirarla cara a cara. Esta visión de Dios cara a cara está reservada para el momento de la reintegración del espíritu a su fuente, como enseña san Pablo: *Porque ahora vemos confusamente en un espejo, mientras entonces veremos cara a cara*. (*I Corintios* 13, 12.)

3. Intermedio: Inicio del diálogo con Judas

[Dijo]le Judas: «Yo sé quién eres y de qué lugar has venido. Tú has venido del inmortal eón de Barbeló. Y yo no soy digno de pronunciar el nombre del que te envió».

Jesús se percató de que Judas estaba pensando en otras cosas excelsas, y le dijo: «Apártate de ellos; yo te revelaré los misterios del reino. Tú puedes alcanzarlos, pero puedes también sufrir mucho, pues otro ocupará tu lugar a fin de que los doce [discípulos] se completen ante su dios».

Y le dijo Judas: «¿Cuándo me revelarás estas cosas y cuándo se alzará el gran día de luz para la generación?».

Ahora bien, después de decir todas estas cosas, Jesús lo dejó. (**Págs. 35-36.**)

COMENTARIO

Acerca de la figura de Judas, véase la noticia completa en el último apartado del Comentario.

Judas «se mantiene erguido» delante de Jesús y manifiesta su condición de Hombre Perfecto reconociendo la identidad esencial de Jesús. El autor, dando una nueva muestra de su poca pericia, presenta a Judas expresándose en unos términos que solo serán posibles después de la revelación que Judas recibirá de boca de Jesús: *Tú has venido del inmortal eón de Barbeló*. Barbeló, como hemos visto y examinaremos nosotros más adelante, es uno de los nombres que los setianos atribuían al Segundo Principio Superior, el equivalente al «Hijo» de los valentinianos y de la doctrina trinitaria ortodoxa. Jesús, efectivamente, procede de este Segundo Principio.

Judas añade: «*Y yo no soy digno de pronunciar el nombre del que te envió*». Esta frase remite a la usual doctrina de la inefabilidad del Primer Principio. Un texto setiano, el *Apócrifo de Juan*, lo expresa con toda nitidez:

> Es indefinible, porque nadie lo precede para poderlo definir. Es inescrutable, porque nadie lo precede para poderlo escrutar. Es inconmensurable, porque nadie lo precede para poderlo medir. Es invisible, porque nadie lo ha visto jamás. Es un eterno que existe eternamente. Es inexpresable porque nadie lo abarca para poderlo expresar. Es innominable, porque nadie lo precede para poderlo nombrar. (*Apócrifo de Juan, Nag Hammadi* II, 1, página 3, 9-18.)

Al comentar el sistema doctrinal de este Evangelio volveré sobre este tema.

La exteriorización de la esencia espiritual de Judas lo ha colocado en un universo radicalmente distinto del mundo de los demás discípulos. Jesús toma nota de este hecho y constata la contraposición de Judas respecto a los demás: *Apártate de ellos*.

Judas será destinatario de la revelación de los misterios del Reino Espiritual Superior. Pero esta distinción le acarreará molestias y sufrimientos en este mundo dominado por el demiurgo, el dios inferior, y, como veremos, también por otros agentes degradados, los diablos.

Pues otro ocupará tu lugar a fin de que los doce [discípulos] se completen ante su dios.

Este pasaje, importante para dilucidar el esquema narrativo del autor del *Evangelio de Judas*, será examinado en el último apartado del Comentario.

4. Segunda enseñanza: Insinuación del Mundo Superior

Al día siguiente de estos sucesos, Jesús se [manifestó] a sus discípulos. Y ellos le dijeron: «Maestro, ¿adónde fuiste, y qué hiciste cuando nos dejaste?». Jesús les respondió: «Me encaminé a una grande y santa generación». Sus discípulos le dijeron: «Señor, ¿cuál es la gran generación que nos sobrepasa y que es santa y que no está ahora en estos eones?».

Cuando Jesús oyó estas cosas, se echó a reír y les dijo: «¿Por qué pensáis en vuestro corazón acerca de la generación fuerte y santa? En verdad os digo que ninguno de los nacidos en este eón verá a [aquella generación], y ninguna hueste de ángeles de los cielos reinará sobre aquella generación, y ningún hombre nacido mortal la alcanzará, pues aquella generación no viene de [...] que vino a ser [...]. La generación humana que está en vuestro entorno es la que procede de la generación humana. [...] poder que [...] otras potestades [...] por las que vosotros domináis».

Cuando los discípulos hubieron oído estas cosas, se conmovieron todos en sus ánimos y no pudieron decir nada. (**Págs. 36-37.**)

En un pasaje anterior hemos visto que Jesús declara que «nadie entre la gente de vuestro entorno me va a conocer». En el pasaje que ahora estudiamos se produce una inflexión irónica: Jesús insinúa a los discípulos anímicos la existencia de un Mundo Superior, solo para reiterar que les es inalcanzable.

Dice, en efecto: *Me encaminé a una grande y santa generación»*.

El término «generación» (grecocopto *genea*) en este Evangelio es genérico, y se aplica diversamente tanto a las realidades inferiores como a las superiores. Lo mismo habrá que decir del término «eón». Consiguientemente, hay que atender a sus adjetivos o al contexto para determinarlo. En el pasaje que nos ocupa está determinado sin ambigüedad: se trata del Mundo Espiritual Superior, calificado de «grande» y «santo».

La subsiguiente pregunta de los discípulos configura los dos grandes universos que se reparten la realidad: «la grande y santa generación» y «estos eones». Con esta expresión se alude aquí al mundo demiúrgico inferior. Este uso es excepcional en la terminología gnóstica. Veámoslo.

Para designar de modo genérico a las entidades o personificaciones del Mundo Superior Espiritual, los gnósticos de todas las ramas adoptaron el término griego «eón» (*aión*). En este significado, y en los más usuales de «periodo de tiempo» y de «eternidad», los gnósticos no difieren de los escritos filosófico-religiosos de su tiempo. Entre los gnósticos, «eón» se contrapone a *chrónos* (tiempo), el mundo superior se contrapone al mundo inferior. Este uso conceptual tiene su origen en un texto de Platón:

> Por esto (*el Demiurgo*) se preocupó de hacer una especie de imitación móvil de la eternidad (*aión*), y mientras organizaba el cielo hizo, a semejanza de la eternidad inmóvil y una, esta imagen que progresa según las leyes de los números, esto que llamamos tiempo (*chrónos*). (Platón, *Timeo* 37d.)

El empleo del término «eón» para designar realidades del mundo inferior o demiúrgico es una de las singularidades del *Evangelio de Judas*. No es del todo inconsecuente, sin embargo. Una parte del universo del creador inferior está también destinada a una subsistencia sin límite de tiempo: la de los seres anímicos que accederán a un modo de salvación inferior. Este «eón» tiene un origen, pero no tiene un fin. El término «eón» puede ser usado, pues, para designar los dos tipos de existencia: la de la duración ilimitada, es decir, que tiene origen y no tiene fin, y la de la eternidad, sin origen ni fin.

Así pues, la expresión «estos eones» designa en este Evangelio el universo del dios creador, destinado en parte a una duración indefinida. Más adelante veremos que la aniquilación afectará únicamente a la parte perversa o diabólica de este universo demiúrgico.

La respuesta de Jesús reitera que el conocimiento y la participación en el Mundo Espiritual Superior está fuera del alcance de los pertenecientes al universo demiúrgico, y describe los siguientes tipos de seres inteligentes ajenos al Mundo Superior:

a) «Los nacidos en este eón.» Hay que entender: los que han recibido únicamente el soplo vital del demiurgo.

b) «La hueste de los ángeles de los cielos.» Estos ángeles son los auxiliares del creador de este mundo. Se identifican con los astros y con los planetas, como veremos más adelante.

c) Los hombres nacidos mortales. Los vástagos meramente humanos del demiurgo se contraponen a los que han recibido la chispa procedente del Mundo Espiritual Superior, que han nacido inmortales. La «inmortalidad» se refiere aquí a la salvación eterna. En efecto, los pertenecientes al mundo demiúrgico pueden aspirar también a una vida indefinida, distinta de la «verdadera inmortalidad» que es la reintegración al Mundo Superior.

El resto del texto está muy deteriorado, pero el último inciso apunta una constatación importante: *por las que vosotros domináis*. En efecto, los doce discípulos están destinados a ejercer un dominio sobre el mundo demiúrgico, difundiendo el mensaje del Jesús anímico. Este espacio dominador recibe el nombre de «iglesia».

La última frase del pasaje corrobora la impotencia de los pertenecientes al mundo inferior frente a las realidades del Mundo Espiritual Superior.

5. Tercera enseñanza: El culto al dios del mundo inferior

Otro día Jesús vino a ellos y le dijeron: «Maestro, te vimos en una visión, pues hemos contemplado grandes [sueños durante la] noche que [...]».

[Él dijo:] «¿Por qué [...] os escondisteis?».

Ellos [dijeron:

«Vimos] una gran casa [con un gran] altar y doce hombres que eran como si dijéramos sacerdotes, y (oímos) un nombre. Una multitud persevera ante aquel altar [hasta que salen] los sacerdotes [y reciben] las ofrendas. Nosotros perseverábamos».

Dijo Jesús:

«¿Qué clase de gente [son los sacerdotes?».

Ellos [dijeron]:

«Algunos [...] dos semanas; [otros] sacrifican a sus propios hijos, otros a sus mujeres, mientras entre ellos se honran y se humillan. Otros yacen con varones; otros cometen homicidio; otros cometen una multitud de pecados con desprecio de la ley. Y los hombres que están ante el altar invocan tu [nombre] y mientras ellos se hallan inmersos en todas las obras de su deficiencia se van realizando los sacrificios [...]».

Y después de decir estas cosas se callaron conmocionados.

Jesús les dijo:

«¿Por qué os habéis conmocionado? En verdad os digo que todos los sacerdotes que están delante de aquel altar invocan mi nombre. Y os digo todavía: mi

nombre ha sido escrito por las generaciones humanas en este [...] de las generaciones de los astros. Y en mi nombre han plantado árboles que vergonzosamente no dan frutos». (**Págs. 37-39.**)

La dilucidación de este pasaje requiere una incursión más detallada en la historia doctrinal del gnosticismo.

La figura del demiurgo, y por ende la del universo inferior, recibe en la gnosis tres tratamientos distintos:

a) El demiurgo es ignorante al principio, pero accede a un limitado conocimiento de las realidades superiores y se beneficia de un grado inferior de salvación junto con las almas que le pertenecen. Esta es la tesis del gnosticismo valentiniano.

b) El demiurgo es ignorante y perverso, y se identifica con el diablo. Al final de los tiempos es aniquilado, pero algunas de las almas que le pertenecían alcanzan una salvación inferior. Esta es la enseñanza de algunas corrientes setianas, como la reseñada en el *Apócrifo de Juan*.

c) La figura del demiurgo se fracciona en dos entidades. El demiurgo originario persiste en su ignorancia y su perversidad, y se identifica con el diablo. Otro demiurgo derivado de él, algo así como su hijo, accede a un cierto grado de conocimiento de las realidades superiores y regenta un espacio en el que las almas pueden acceder a una salvación limitada. Esta es la doctrina de algunas corrientes setianas que a continuación reseñaré, pues en ellas parece inspirarse el *Evangelio de Judas*.

El primer texto que aduciré pertenece a la *Hipóstasis de los arcontes*, un escrito del corpus de Nag Hammadi que parece en su mayor parte redactado por pensadores judíos de orientación esotérica.

> Sucedió que cuando Sabaot, el hijo de (Yaldabaot), vio la potencia de este ángel, se arrepintió y condenó a su padre y a su madre la materia, asqueándose de ella. En cambio, entonó himnos a la sabiduría y a su hija Zoé. Entonces, la sabiduría y Zoé lo exaltaron y lo instalaron sobre el séptimo cielo, debajo del velo, entre el lugar superior y el lugar inferior. Y fue denominado «dios de las potencias, Sabaot», porque está por encima de las potencias del caos debido a que fue la sabiduría quien lo instaló. Cuando estos acontecimientos tuvieron lugar, él se construyó un gran carro de querubines, dotado de cuatro rostros, con una innumerable multitud de ángeles para hacer de servidores, y arpas y cítaras. (*Hipóstasis de los Arcontes, Nag Hammadi* II, 4, pág. 95, 13-31.)

El autor de este texto pretende configurar un espacio de salvación en el seno del universo material y perverso creado por el demiurgo. El agente de esta configuración es un hijo del demiurgo, que viene inequívocamente descrito como el dios de Israel, Yahvé Sabaot. Para el autor, Israel es un islote de bien y virtud en el conjunto de un mundo de perdición. El espacio de Sabaot, sin embargo, es inferior y exterior al Mundo Espiritual Superior. En efecto, Sabaot recibe solamente instrucción sobre «la ogdóada», que es el término técnico con el que se conoce el conjunto de los seres puramente anímicos que alcanzan una limitada salvación.

El siguiente texto detalla ya la economía, es decir, el plan de salvación para el espacio de Sabaot:

> Una vez hubo recibido Sabaot el lugar del reposo en compensación de su arrepentimiento, Pistis le dio todavía su hija Zoé junto con una gran potestad para que ella lo instruyera acerca de todas las realidades de la ogdóada.
>
> Dado que poseía potestad, (Sabaot) creó para sí en primer lugar un habitáculo. Es grande, muy suntuoso, [siete] veces superior a todos los de los [siete] cielos. Delante de su habitáculo creó un trono grandioso colocado sobre un carro de cuatro rostros llamado «querubín». El querubín tiene ocho formas para cada uno de los cuatro (dobles) ángulos: formas de león, formas de toro, formas de hombre y formas de águila, de modo que todas las formas suman sesenta y cuatro formas. Hay además siete arcángeles que están erguidos ante él. (Sabaot) es el octavo y tiene potestad. Las formas suman en total setenta y dos. Pues es a partir de este carro que los setenta y dos dioses recibieron configura-

ción. Recibieron configuración para gobernar sobre las setenta y dos lenguas de las naciones. Sobre este trono creó todavía otros ángeles de forma de serpiente llamados «saraphin», que lo glorifican continuamente.

Después creó una iglesia angélica, miles y miríadas sin número, parecida a la iglesia que está en la ogdóada, y un primogénito llamado Israel —es decir, «el hombre que ve a dios»—, y todavía a otro, Jesús el Cristo, parecido al salvador que está arriba en la ogdóada sentado a su diestra sobre un magnífico trono, mientras a su izquierda se sienta sobre un trono la virgen del espíritu santo, glorificándolo. Y las siete vírgenes están erguidas ante ella; en sus manos hay treinta cítaras y salterios y trompetas, y lo glorifican, y todos los ejércitos angélicos lo glorifican y lo bendicen. Él está sentado en un trono luminoso en una gran nube que lo recubre. Y no había nadie con él en la nube, a no ser la Sabiduría de Pistis (*es decir, Zoé*), que lo instruía acerca de todas la realidades de la ogdóada a fin de que fueran creadas las semejanzas de aquellas realidades, de modo que su reino persistiera con él hasta la consumación de los cielos del caos y de sus potencias. (*Origen del mundo, Nag Hammadi* II , 5, págs. 104, 30-106, 12.)

La importancia de este texto radica en el hecho de que introduce la figura del que hemos denominado «Jesús anímico». El dios Sabaot engendra dos hijos, Israel y Jesús el Cristo. Al igual que en el texto anterior, el espacio de la salvación limitada es aquí Israel, y es en el seno de este pueblo donde surgirá el salvador Jesús; salvador, entiéndase, de los seres pertenecientes al universo inferior demiúrgico.

En el mundo inferior coexisten, pues, dos poderes. El poder maléfico está representado por el demiurgo originario, generalmente denominado Yaldabaot, secundado por sus ángeles, que actúan como diablos. El poder benéfico está representado por Sabaot, que regenta el pueblo de Israel, en el seno del cual se producirá el movimiento de salvación de los seres anímicos.

Estos dos poderes se interfieren. En particular, los agentes diabólicos se inmiscuyen en el espacio de Israel, pervirtiendo las instituciones destinadas a promover la justicia en el espacio del buen demiurgo. Entre las instituciones pervertidas se halla el sacerdocio, como el *Evangelio de Judas* expone crudamente.

Volvamos a nuestro texto. Los discípulos han tenido una visión y piden a Jesús que les explique su significado. La visión es la siguiente:

[Vimos] una gran casa [con un gran] altar y doce hombres que eran como si dijéramos sacerdotes, y (oímos) un nombre. Una multitud persevera ante aquel altar [hasta que salen] los sacerdotes [y reciben] las ofrendas.

Los discípulos han contemplado una visión del templo de Jerusalén, con su altar y con los doce sacerdotes, representantes de las doce tribus de Israel. Luego han contemplado el desarrollo del culto. El nombre que oyen es probablemente el nombre de Yahvé.

El gnóstico autor del *Evangelio de Judas* sintetiza en estos trazos esenciales lo que los escritos de Nag Hammadi mencionados anteriormente describen como el espacio del demiurgo Sabaot. La obra de salvación limitada de Sabaot se desarrolla por medio de las instituciones religiosas del pueblo de Israel.

Ahora bien, ya hemos observado que en este mundo inferior los dos poderes demiúrgicos se interfieren. El demiurgo perverso consigue pervertir las instituciones salvíficas de Sabaot. Esto es lo que expresa la secuencia de nuestro texto:

Dijo Jesús:
«¿Qué clase de gente [son los sacerdotes?».
Ellos [dijeron]:
«Algunos [...] dos semanas; [otros] sacrifican a sus propios hijos, otros a sus mujeres, mientras entre ellos se honran y se humillan. Otros yacen con varones; otros cometen homicidio; otros cometen una multitud de pecados con desprecio de la ley. Y los hombres que están ante el altar invocan tu [nombre] y, mientras ellos se hallan inmersos en todas las obras de su deficiencia, se van realizando los sacrificios [...]».

La Biblia hebrea alude con frecuencia a la corrupción de los sacerdotes y de los representantes del pueblo.

Véase, para el reino de Israel, *II Reyes* 17, 7-23; para el reino de Judá, *II Reyes* 21, 1-9. Por su parte, los escritos canónicos cristianos presentan listas de vicios: *Romanos* 1, 29-31; *I Corintios* 5, 10 y ss.; *Gálatas* 5, 19.

Los discípulos afirman que los sacerdotes corruptos «invocan tu nombre». ¿Significa este inciso que la visión se refiere a los ministros de la Iglesia futura, contemporánea del autor del *Evangelio de Judas?* Efectivamente, los sacerdotes de la Iglesia cristiana ofician invocando el nombre de Jesús. A mayor abundamiento, varios tratados de Nag Hammadi ponen de relieve polémicas de los gnósticos contra los eclesiásticos (*La interpretación del conocimiento, Nag Hammadi* XI, 1; *Testimonio de la verdad, Nag Hammadi* IX, 3). Pero los defectos censurados en estos tratados no revisten ni de lejos la gravedad de las acusaciones vertidas en este pasaje de nuestro Evangelio. Por otra parte, respecto al culto cristiano de los siglos II y III, no puede hablarse de «sacrificios». Considero más probable que las acusaciones de corrupción se refieran a las instituciones de Israel. En este caso, la invocación del nombre de Jesús podría referirse a las prefiguraciones proféticas contenidas en los textos sagrados de Israel. Si el autor de nuestro Evangelio conocía las doctrinas setianas cuyos textos hemos citado, pensaba que el nombre de Jesús preexistía a su nacimiento terrenal. A esto aludirían las palabras puestas en boca de Jesús a continuación:

«En verdad os digo que todos los sacerdotes que están delante de aquel altar invocan mi nombre. Y os digo todavía: mi nombre ha sido escrito por las generaciones humanas en este [...] de las generaciones de los astros. Y en mi nombre han plantado árboles que vergonzosamente no dan frutos».

La expresión «ha sido escrito» alude evidentemente a las Escrituras hebreas. El pasaje está lamentablemente corrompido, pero no es nada insólita la relación entre las «generaciones humanas» que escribieron las Escrituras y las «generaciones de los astros»: en ambos casos se trata de productos del universo demiúrgico. Jesús concluye lamentando que el árbol de Israel no haya dado frutos. Las primeras providencias del demiurgo Sabaot habían fracasado.

Jesús les dijo:

«Vosotros sois los que recibís las ofrendas hechas a aquel altar que habéis visto. Él es el dios a quien servís, y vosotros sois los doce hombres que visteis. El ganado que habéis visto aportado para el sacrificio representa la multitud que habéis engañado ante aquel altar. [El... del mundo] y es de esta manera que usurpará mi nombre, y generaciones de gentes piadosas perseverarán con él. Después de este, otro hombre comparecerá de entre [los fornicadores], y otro todavía comparecerá de entre los homicidas de niños, y otro de entre los que yacen con varones, y los que ayunan y los demás que

practican la impureza y el desprecio de la ley, y el error, y aun los que dicen: Nosotros somos iguales a los ángeles. Ellos son los astros que llevan todas las cosas a su consumación. Pues se dijo a las generaciones humanas: He aquí que dios ha recibido vuestro sacrificio de las manos de un sacerdote —esto es, del ministro del error—. Pero es el Señor, el Señor que está sobre el universo, el que dictamina: en el último día serán avergonzados». (**Págs. 39-40.**)

La interferencia de los agentes del demiurgo perverso han hecho fracasar la primera economía o plan de salvación limitada para los seres anímicos. Ahora bien, los discípulos persisten todavía en su adhesión a la religión de Israel, que en realidad se ha convertido en una servidora del demiurgo perverso y de sus ángeles. Por esto Jesús los identifica con los sacerdotes de la visión. Sirven al dios demiurgo y engañan a la multitud induciendo al pueblo al culto de una divinidad perversa.

Jesús profetiza un tiempo de actividad corruptora del demiurgo y de sus ángeles, que incluso se valdrán del nombre de Jesús para promover la maldad. Los agentes malignos suscitarán hombres especializados en la perpetración de los pecados más horrendos, de acuerdo con el catálogo establecido anteriormente.

Algunos de estos seres malignos dicen: *Nosotros somos iguales a los ángeles*. ¿En qué radica la perversidad de esta afirmación. La expresión exacta solo aparece en los textos canónicos en boca de Jesús:

> Estáis muy equivocados por no comprender ni las Escrituras ni el poder de Dios. Porque cuando llegue la resurrección, ni los hombres ni las mujeres se casarán, serán como ángeles del cielo. *(Mateo* 22, 29-30.)

El autor del *Evangelio de Judas* rectifica o critica los Evangelios canónicos. Para él se trata de escritos pertenecientes a la iglesia anímica, ambiguos, porque expresan una equivocada comprensión del mensaje del Jesús anímico. En este caso el error radica en la enseñanza de la resurrección de la carne, rechazada de plano por los gnósticos. En consecuencia, es una aberración anunciar que los hombres resucitados «serán como ángeles del cielo». Los únicos que serán como ángeles del cielo son los pertenecientes al mundo demiúrgico que obtendrán la salvación limitada gracias a la obra de Jesús; pero estos no vivirán en su cuerpo, sino en su alma, en la ogdóada, el cielo de los anímicos salvados.

La referencia a «los astros» será dilucidada más adelante, en el contexto de la exposición del sistema.

Los hombres anímicos que entregan sus dones a los sacerdotes del demiurgo los entregan a un ministro del error, los cuales, creyendo venerar al Dios Supremo, adoran al dios creador inferior.

El pasaje termina con un anuncio escatológico: al final de los tiempos, las obras de los servidores del error serán denunciadas. Esto significa que el deslinde definitivo entre las dos partes del universo demiúrgico no tendrá lugar hasta el fin del mundo, y que en el entretanto los dos poderes andan revueltos.

> *Jesús les dijo:*
>
> *«Dejad de [sacrificar...] sobre el altar. Ellos están por encima de vuestras estrellas y de vuestros ángeles y han llegado ya a su consumación. Que [se hagan la guerra] ante vosotros, y dejadlos estar*
>
> *[...]*
>
> *a las generaciones [...]. Un tahonero no puede alimentar a toda la creación bajo el cielo [...]».*
>
> *Les dijo Jesús:*
>
> *«Dejad de disputar conmigo. Cada uno de vosotros tiene su propio astro, y cada uno [...]*
>
> *el que vino a los que [...] fuente del árbol [...] de este eón [...] después de un tiempo [...] vino para abrevar el paraíso de dios y la raza que perdurará, porque no contaminará la [conducta de] aquella generación, sino [...] por los siglos de los siglos».* (**Págs. 41-43.**)

El manuscrito se presenta aquí muy deteriorado, y no es cosa de esforzarse en intentar interpretar medias palabras. Me limitaré a explicar las primeras líneas y las últimas, suficientemente comprensibles.

Jesús ha indicado con claridad que los discípulos, hasta este momento, no solo pertenecían al universo anímico, sino que habían estado sirviendo al demiurgo perverso y a sus ángeles. Ahora bien, Jesús había sido enviado para reanudar la economía o plan de salvación limitada del demiurgo Sabaot, fracasado en su primer intento. Jesús ha escogido a los discípulos para ser sus auxiliares en esta tarea. Entonces, lo primero que tienen que hacer es abandonar el culto del dios perverso: *Dejad de sacrificar... sobre el altar.* Los discípulos están en relación con sus ángeles, que son los auxiliares benéficos del demiurgo Sabaot, y estos ángeles residen cada uno en su astro. Por su parte, los ángeles y los astros maléficos, que hasta ahora dominaban a los discípulos, han entrado el luchas intestinas, y así seguirán hasta la consumación final.

De los pasajes discernibles de las últimas líneas se puede deducir el sentido siguiente: Jesús ha venido para dar nuevo impulso al espacio salvífico del demiurgo Sabaot. La «raza que perdurará», en el contexto de un anuncio dirigido a seres anímicos, es el conjunto de los seres humanos anímicos que observarán la justicia enseñada por Jesús, y que alcanzarán una beatitud limitada por un tiempo ilimitado.

Con esta promesa a los discípulos, el *Evangelio de Judas* concluye el diálogo con los discípulos y pasa al diálogo exclusivo con Judas. La primera parte, sin embargo, versa todavía sobre los seres anímicos y el mundo inferior.

¿Qué fue de los discípulos? Este escrito no lo declara, pero en el contexto gnóstico es posible afirmar que el autor los tenía por los fundadores de la iglesia psíquica o anímica, en la cual se mezclan retazos de la enseñanza del Jesús anímico con influjos deletéreos del demiurgo perverso y de sus ángeles. Un ejemplo claro de esta mezcla son las Escrituras de los eclesiásticos, en las que solo los gnósticos son capaces de discernir los dos niveles de la predicación de Jesús y segregarlos de los errores introducidos por los agentes del error.

6. *El destino de los seres humanos del mundo inferior*

Le dijo Judas:

«Rabbí, ¿qué clase de frutos produce esta generación?»

Dijo Jesús:

«Las almas de cada generación humana morirán. Estos, sin embargo, cuando hayan cumplido el tiempo del reinado y salga de ellos el espíritu, sus cuerpos morirán, pero sus almas sobrevivirán y serán elevadas».

Dijo Judas:

«¿Y que se hará del resto de las generaciones humanas?».

Dijo Jesús:

«Es imposible sembrar sobre roca y recoger sus frutos. Esta es también la manera [...] la generación

[contaminada] y la Sabiduría corruptible [...] la mano que creó al hombre mortal, de modo que sus almas asciendan a los eones superiores. En verdad os digo: [...] ángel [...] potestad podrá ver [...] las santas generaciones [...].

Después de decir estas cosas, Jesús se fue». (**Págs. 43-44.**)

COMENTARIO

Los gnósticos en general, tanto los valentinianos como los seguidores de las diversas corrientes setianas, establecían dos destinos distintos para los pertenecientes al mundo anímico. La suerte final de estos estaba ligada a su conducta, mientras que la salvación de los espirituales radicaba en su misma naturaleza y era independiente de su moralidad. Los anímicos que hubieran observado buena conducta se salvarían. Los que hubieran obrado el mal se condenarían.

Como siempre, son los valentinianos los que ofrecen una doctrina más clara a este respecto. Distinguían tres «naturalezas» humanas, denominadas espirituales, psíquicas o anímicas, y materiales:

> Son, pues, tres: lo material, llamado también de izquierda, perece por necesidad, por cuanto no puede recibir ningún soplo de incorruptibilidad. Lo psíquico, denominado también de derecha, porque hallándose en medio de lo espiritual y de lo material,

según por donde se inclina, por allí se desliza. Lo espiritual es enviado para que se una aquí con lo psíquico y se forme, educado junto con él en lo concerniente a la conducta. (Ireneo de Lyon, *Adversus Haereses* I, 6, 1.)

Aprendieron disciplinas psíquicas los hombres psíquicos, los confirmados en las obras y en la mera fe, carentes del perfecto conocimiento. Estos somos nosotros, los de la iglesia. Sostienen que por esto nos es necesaria a nosotros la buena conducta, ya que de otra manera no nos podríamos salvar, mientras que ellos se salvarán absolutamente, no por la conducta, sino por el hecho de ser espirituales por naturaleza. [...] El oro arrojado en el barro no pierde su belleza, sino que conserva su propia naturaleza, puesto que el barro en nada puede perjudicar al oro; así, afirman acerca de sí mismos que, aunque se entreguen a cualquier tipo de obras materiales, no pueden recibir ningún daño ni perder la subsistencia espiritual. (Ireneo de Lyon, *Adversus Haereses* I, 6, 2.)

Otro texto valentiniano introduce la importante noción de libertad:

El elemento espiritual se salva por naturaleza; el psíquico, dotado de libre albedrío, tiene una aptitud para la fe y la incorruptibilidad, o bien para la incredulidad y la corrupción, según su propia elección; el material se destruye por naturaleza. (Clemente de Alejandría, *Excerpta ex Theodoto* 56, 3.)

Las normas de conducta, las categorías éticas, no son operativas ni para los materiales ni para los espirituales. Estos se salvan por necesidad, aquellos se condenan por necesidad. En cambio, los psíquicos se dividen en buenos y malos, pues poseen libertad de elección. Esta libertad coloca al psíquico en medio del espiritual y del material, de la misma manera que el alma es un elemento intermedio entre el espíritu y la materia. Así lo enseña claramente otro texto valentiniano:

> El alma tiene algo de mortal, pues ocupa un lugar intermedio. [...] Si se asemejare a los superiores, se hace inmortal y va a la Ogdóada, que es la Jerusalén celestial; pero si se asemejare a la materia, es decir, a las pasiones materiales, se hace corruptible y termina destruida. (Hipólito de Roma, *Refutatio* VI, 32, 9.)

Las corrientes setianas, más próximas al *Evangelio de Judas*, conocen también esta triple división de la naturaleza humana:

> El primer Adán de luz es espiritual y se manifestó en el primer día. El segundo Adán es psíquico y se manifestó en el sexto día, denominado de Afrodita. El tercer Adán es terrenal y se manifestó en el octavo día. (*El origen del mundo, Nag Hammadi* II, 5, pág. 117, 29-33.)

El *Evangelio de Judas* no conoce explícitamente la categoría de «material». Pero sí de modo equivalente, pues los anímicos o psíquicos de mala conducta están destinados a la extinción, como los «materiales» o «terrenales» de las demás escuelas. En este sentido, el paralelo más próximo es el *Apócrifo de Juan:*

> Entonces dije al salvador: «Señor, ¿se salvarán todas las almas y entrarán en la pura luz?». Él respondió diciendo:
>
> Muy importantes son las cosas que has alcanzado con tu pensamiento, y difíciles de explicar a otros, a no ser los que pertenecen a la raza inconmovible, los que recibirán el espíritu de vida que vendrá con poder, los que se salvarán. Ellos serán perfectos y dignos de la grandeza, y en aquel lugar serán purificados de toda maldad y de las apetencias de perversidad, pues no tendrán otra preocupación más que la incorruptibilidad, en la cual meditarán continuamente desde ahora sin ira, sin envidia y sin celos, sin apetencia y sin insatisfacción respecto a todo. No serán afectados por nada, a no ser en relación únicamente con la sustancia de la carne que han asumido. En el entretanto, estarán expectantes respecto al tiempo en que tendrá lugar la visita de los que tienen que recibirlos. Esta es la manera de ser de los dignos de la vida incorruptible y eterna y de la vocación, los que tienen paciencia y lo soportan todo a fin de perfeccionarse en el bien y heredar la vida eterna.
>
> Yo le dije: «Señor, las almas que no han obrado estas cosas y que sin embargo han recibido la potencia del espíritu de vida, ¿serán rechazadas?». Él respondió

> y dijo: Si el espíritu desciende sobre ellas, se salvarán de todas maneras y seguirán adelante. Pues la potencia desciende sobre todo hombre, y sin ella nadie puede mantenerse erguido. Después de su nacimiento, el espíritu de vida crece y viene la fuerza que robustece aquella alma, y ya no puede extraviarse en las obras de la perversidad. En cambio, las que han recibido el espíritu contrahecho son atraídas por él y se extravían.
>
> Yo dije: «Señor, aquellos que no supieron a quién pertenecen, ¿adónde irán sus almas?». Y él me dijo: En estas se ha robustecido el espíritu contrahecho a causa de su error. Él abruma al alma y la arrastra hacia las obras de la perversidad, arrojándola al olvido. Después de su partida es entregada a las potestades que procedieron del arconte y entonces la atan con cadenas, la precipitan en la cárcel y deambulan con ella hasta que despierta del olvido y recibe el conocimiento. Cuando todo esto se ha cumplido, se salva. (*Apócrifo de Juan, Nag Hammadi* II, 1, págs. 25, 18-27, 11.)

El pasaje del *Evangelio de Judas* que estamos comentando debe ser entendido en el contexto de la doctrina gnóstica corriente, bastante uniforme en este punto.

La primera frase ofrece cierta dificultad: *Las almas de cada generación humana morirán*. Ahora bien, la negación de la inmortalidad del alma sería una doctrina insólita, no solo en el contexto gnóstico, sino en el conjunto del pensamiento de la época en general. La frase se refiere en realidad a la «muerte eterna», es decir, a la extinción, que es el destino tanto de los hombres puramente materiales como de los anímicos que no han observado buena conducta. La radicalidad de la frase se explica porque el género humano, en tanto que creación del demiurgo, está naturalmente abocado a la extinción. Solo la obra salvadora de Jesús puede librar a algunos seres humanos de esta fatalidad.

El texto pasa ahora a referirse a los anímicos discípulos de Jesús: *«Estos* (es decir, los discípulos de Jesús), *sin embargo, cuando hayan cumplido el tiempo del reinado y salga de ellos el espíritu, sus cuerpos morirán, pero sus almas sobrevivirán y serán elevadas».*

El «reinado» alude al tiempo de la iglesia psíquica, de la cual, como sabemos, también Jesús es cabeza.

La expresión «salga de ellos el espíritu» significa simplemente la muerte. El término «espíritu» (grecocopto *pneúma)* es genérico en este evangelio, como podemos comprobar en la página 35, 8: *Y sus espíritus no osaron erguirse ante él.* El término «espíritu» se refiere de modo general al elemento vital. En la mayoría de textos gnósticos, sin embargo, este término designa el Mundo Espiritual Superior. Pero hay un uso banal que significa simplemente el alma humana, en contexto estoico. Las almas de los seres humanos anímicos salvadas por Jesús gozarán de una salvación limitada; serán «elevadas» a una zona que muchos textos gnósticos denominan «Ogdóada» u octavo cielo, el lugar del Demiurgo bueno, exterior, ciertamente, al Mundo Espiritual Superior.

El texto prosigue:

Dijo Judas:
«¿Y qué se hará del resto de las generaciones humanas?».
Dijo Jesús:
«Es imposible sembrar sobre roca y recoger sus frutos. Esta es también la manera [...] la generación [...] y la Sabiduría corruptible [...] la mano que creó al hombre mortal, de modo que sus almas asciendan a los eones superiores. En verdad os digo: [...] ángel [...] potestad podrá ver [...] las santas generaciones [...]».

A primera vista, parecería que el pasaje se refiere a los seres humanos destinados a la extinción. La metáfora inicial remitiría a la parábola del sembrador (*Mateo* 13, 4-9 y paralelos). Pero hemos visto ya que la suerte de los perversos ha sido tratada en el pasaje anterior. Por otra parte, los términos utilizados en el presente pasaje remiten al Mundo Espiritual Superior. Desgraciadamente, el manuscrito se halla aquí muy deteriorado y no permite reconstruir la secuencia lógica de un doctrina de gran densidad teológica. Con todo, la doctrina gnóstica general, y la setiana en particular, ofrecen suficientes paralelos para dilucidar el sentido general del pasaje, en espera de que los competentes papirólogos que han editado el texto puedan aportar nuevos mejoramientos.

El episodio inicial consiste en la doctrina acerca del lapso o caída de la Sabiduría divina, tema o mito gnóstico por excelencia. Lo examinaremos a partir de un texto setiano:

> La Sabiduría, que era un eón, concibió en su interior un pensamiento, una reflexión acerca del espíritu invisible y de la presciencia. Deseó manifestarse en una imagen salida de sí misma sin el querer del espíritu, que no lo consentía, y sin su consorte, que no daba su aprobación. Y aunque no lo consentía su personificación masculina, y sin haber obtenido su acuerdo, y a pesar de haberlo premeditado sin el consentimiento del espíritu y de no contar con el acuerdo (de su parte masculina), ella se hizo adelante.
>
> Puesto que había en ella una potencia invencible [otra versión: lasciva], su pensamiento no permaneció inactivo y a partir de ella se manifestó una obra imperfecta y distinta de su forma, pues la había producido sin su consorte. No se parecía en nada a la figura de su madre, sino que tenía otra forma. (*Apócrifo de Juan, Nag Hammadi* II, 1, págs. 9, 25-10, 9.)

> Entonces la madre comenzó a agitarse. Había conocido la deficiencia al debilitarse el resplandor de su luz, y se oscureció porque su consorte no estaba en armonía con ella.
>
> Entonces yo (Juan) dije: «Señor, ¿qué quiere decir agitarse?». Él me dijo sonriente: No pienses que es como dijo Moisés «sobre las aguas», no, sino que cuando ella vio la maldad que había sobrevenido y la

apostasía que su hijo había protagonizado, se acongojó y cayó en un olvido en medio de la oscuridad de la ignorancia. No tuvo la audacia de regresar, sino que comenzó a moverse. Y este movimiento es aquella «agitación».

El arrogante recibió de su madre una potencia. Era ignorante y pensaba que no existía ninguna potencia más que la de su madre. Y cuando vio la multitud de ángeles que había creado, se glorió de ser superior a ellos.

Cuando la madre se percató de la imperfección del [aborto] de la oscuridad, comprendió que su consorte no había estado en armonía con ella. Se arrepintió y rompió en un gran llanto. Los (eones) de todo el pleroma percibieron la amargura de su arrepentimiento y pidieron un socorro para ella al invisible espíritu virginal. El santo espíritu accedió y derramó sobre ella un don procedente de todo el pleroma. Su consorte no se había acercado a ella, pero entonces se le aproximó por medio del pleroma a fin de rectificar su deficiencia. Y no fue transportada a su propio eón, sino más allá de su hijo, a fin de que permaneciera en la enéada hasta la rectificación de su deficiencia. (*Apócrifo de Juan, Nag Hammadi* II, 1, págs. 13, 14-14.)

La Sabiduría es un eón, es decir, una entidad divina. El mito la dota de personalidad para poderla hacer sujeto de un episodio. La Sabiduría tiene un acto de audacia, y pretende producir otros entes por su cuenta, independientemente de su «esposo», es decir, de la divinidad. Su acto produce un ser inferior, imperfecto; en efecto, no ha sido una «generación», sino una simple producción que algunos gnósticos comparan con un aborto. Como resultado de esta audacia, Sabiduría cae en olvido, oscuridad e ignorancia. Al cabo será «salvada», pero provisionalmente permanecerá en el mundo exterior hasta que haya recuperado la totalidad de la sustancia divina que se derramó por su culpa.

La caída o transgresión de la Sabiduría es expresada en los documentos gnósticos con extraordinaria virulencia. Veamos algunos textos, que complementarán la información del *Apócrifo de Juan*:

> Pero avanzó precipitadamente el último y más joven eón de la Dodécada emitido por el Hombre y por la Iglesia, es decir, Sabiduría, y experimentó una pasión sin el abrazo de su cónyuge, Deseado. Lo que había tenido su comienzo con los que estaban en torno al Intelecto y a la Verdad, se concretó en esta descarriada, en apariencia por causa de amor, pero de hecho por audacia, porque no tenía comunidad con el Padre perfecto, como la tenía el intelecto. (Ireneo de Lyon, *Adversus Haereses* I, 2, 2.)

> No me ignoréis. Pues yo soy la primera y la última, la honorable y la despreciable, la prostituta y la respetable, la esposa y la virgen, la madre y la hija, los miembros de mi madre, la estéril y la que tiene muchos hijos. (*El trueno, intelecto perfecto, Nag Hammadi* VI, 2, pág. 13, 13-21.)

> La Hembra no fue capaz de soportar ni de contener la excelsitud de la luz, por lo que, repleta en exceso, y poseída de una gran efervescencia, rebosó hacia el lado izquierdo. [...] La potencia que fluyó de la Hembra en su efervescencia era una impregnación de luz que desde el lugar paterno se precipitó hacia abajo por su propia voluntad, conservando su tenue luminosidad. A esta potencia la llaman de izquierda, Prúnicos (*lasciva*), Sabiduría y andrógino. (Ireneo de Lyon, *Adversus Haereses* I, 30, 2.)

> Una cosa es «Echamot» y otra «Echmot». Echamot es la Sabiduría por excelencia, mientras que Echmot es la Sabiduría de muerte, es decir, la que conoce la muerte; es llamada «pequeña Sabiduría». (*Evangelio de Felipe, Nag Hammadi* II, 3, pág. 60, 10-17.)

Deficiencia, descarriada, lasciva, prostituta, sabiduría de muerte: durísimos e insólitos epítetos para una entidad divina. En este contexto, la expresión «Sabiduría corruptible» de nuestro Evangelio se hace comprensible. Se trata del Tercer Principio Divino, que se desprendió del Segundo Principio en virtud de una transgresión, y que necesitará por ende salvación. Los gnósticos no tuvieron empacho en situar el origen del mal en el mismo seno de la divinidad, con lo cual pudieron mantener un férreo monismo: todo viene de Dios, incluidos el mal y la materia.

Dado el deterioro del manuscrito, poca cosa podemos hacer más que contextuar las expresiones que se han podido rescatar. La siguiente es la que hace referencia a *la mano que creó al hombre mortal*. Me limitaré a ofrecer textos en los que los teólogos de la época utilizan la metáfora de la mano creadora, vehiculada a veces en el concepto de «modelación» o «plasmación».

Las *Homilías Seudoclementinas* atribuyen a Simón el Mago estas reflexiones:

> Los que modelan (al hombre) se ve que son dos, como dice la Escritura: «Y dijo Dios: hagamos al hombre a nuestra imagen y semejanza». Lo de «hagamos» indica dos o más, ciertamente, no uno solo. Y respondió Pedro: Es uno solo el que dijo a su Sabiduría: «Hagamos al hombre». Mas la Sabiduría, con la que como con Espíritu propio se alegraba siempre (cf. *Proverbios* 8, 30.), se halla unida como el Alma a Dios, pero se extiende a partir de él como mano para fabricar el universo. (*Seudoclementinae Homiliae* XVI, 11-12.)

Orígenes justifica la metáfora de las manos:

> Tampoco es lícito decir que el Dios Primero trabaje con las manos; y si se entiende a la letra eso de trabajar con las manos, ni siquiera el Dios Segundo ni ser alguno divino. Solo impropia y figuradamente vale decir lo de trabajar con las manos. Y así explicaríamos el siguiente texto: «El firmamento anuncia la hechura de sus manos» (Salmo 18, 2). Y este otro: «Sus manos afirmaron el cielo» (Salmo 101, 26). En esos y análogos pasajes entendemos figuradamente las manos y miembros de Dios. ¿Qué hay de absurdo en que Dios

obre así con sus manos? Y como puede obrar así Dios con sus manos, bien puede así ordenar, a fin de que las obras realizadas por quien recibió la orden sean bellas y laudables, por haber sido Dios quien ordenó fuesen hechas. (Orígenes, *Contra Celsum* VI, 61).

En los textos que hemos aducido acerca de la Sabiduría Inferior se explica cómo ésta se halla en la raíz del mundo inferior, y por ende de sus habitantes, los hombres mortales. Ciertamente que la «mano» que inmediatamente modeló al ser humano es la mano del demiurgo. Pero gobernando esta mano, sin que él se percatara de ello, estaba la Sabiduría Inferior. Así pues, de la misma manera que la Sabiduría resbala y se convierte en «sabiduría de muerte» para después salvarse, los hombres nacen mortales y después se salvan de modo que *sus almas asciendan a los eones superiores*. La misma «mano» que indirectamente los creó los rescata. Se trata, evidentemente, de los hombres pertenecientes esencialmente al Mundo Espiritual Superior.

II. Enseñanzas acerca del Mundo Superior y su Dios

1. *Primera descripción del Mundo Espiritual Superior.*

Judas dijo:

«Así como los has escuchado a todos ellos, ahora escúchame a mí, pues he contemplado una gran visión».

Cuando Jesús hubo escuchado se echó a reír y le dijo:

«¿Por qué te tomas tanto trabajo, oh decimotercero espíritu? En fin, explícate y lo compartiré contigo».

Le dijo Judas:

«En la visión vi cómo los doce me apedreaban y me perseguían [tenazmente]. Seguidamente fui al lugar donde [... buscándote]. Vi [una casa] y mis ojos no pudieron [calcular] su medida. Una multitud de personas la rodeaban. Y aquella casa [tenía] un jardín en la terraza, y en medio de la casa había una [multitud] [...]

[...] diciendo: maestro, hazme entrar con esta gente».

Jesús respondió y dijo:

«Judas, tu astro te ha engañado. Te digo que ningún hombre nacido mortal puede entrar en la casa que has visto, porque se trata de un lugar reservado para los santos. Es un lugar en el que no dominan ni el Sol ni la Luna, ni tampoco el día. Pero ellos (los santos) morarán por siempre en el eón con los santos ángeles. He aquí que te he explicado los misterios del reino y te he instruido [acerca del] error de los astros y [...] enviar [...] sobre los doce eones». (**Págs. 44-46**.)

COMENTARIO

Judas, en tanto que perteneciente por su parte anímica al mundo del creador inferior (como Jesús), forma parte del grupo de los discípulos. La designación de «decimotercero» es anacrónica, pues en el momento en que se produce este diálogo todavía no se ha producido la sustitución de Judas. Reviste, sin embargo, un significado mistérico, como veremos más adelante.

La visión de Judas consiste en un casa, tan inmensa que no pudo calcular sus dimensiones. El jardín que había en la terraza evoca probablemente el paraíso. Judas sueña engañosamente en una multitud que pretende entrar en la casa. La petición que viene después de la laguna textual debe atribuirse probablemente al mismo Judas, que solicita a Jesús entrar con aquella multitud.

Jesús replica que su astro, es decir, su parte anímica, ha engañado a Judas. No hay tal multitud. Jesús usó la expresión «hombre nacido mortal» en la página 37, 8, como sinónimo de los que, líneas más arriba, había calificado de «nacidos en este eón». Se trata de los pertenecientes a lo que designa más frecuentemente como «generación humana». A estos se contraponen «los santos», que equivalen a los que denominó «hombre perfecto» (pág. 35, 5) y «grande y santa generación» (pág. 36, 18). La enseñanza de este pasaje es la misma que la de las páginas citadas.

En este lugar, o casa, reservado para los elegidos *no dominan ni el Sol ni la Luna, ni tampoco el día*. El Sol y la Luna formaban parte del conjunto de los planetas, espacio por excelencia del creador de este mundo, como veremos en la parte cosmológica. El «día», como signo de la medida del tiempo, es una ordenación propia del mundo inferior:

> La Sabiduría que se halla en el cielo inferior tuvo un deseo y acto seguido recibió de Pistis (*la Sabiduría superior*) un poder y creó grandes luminares junto con todas las estrellas. Y los puso en el cielo para que brillaran sobre la Tierra y cumplieran la función de signos de tiempo, de momentos, de años y de meses, de días y de noches, de instantes, y así sucesivamente. Y de esta manera todo el lugar debajo del cielo fue ordenado. (*El origen del mundo, Nag Hammadi* II, 5, página 112, 1-9.)

La frase de Jesús indica, pues, que el Mundo Espiritual Superior es completamente independiente del tiempo. Le correspondería en exclusiva el nombre de «eón», pero, como hemos visto anteriormente, en este Evangelio el término «eón» es genérico y se aplica también al sector celestial del mundo inferior.

Jesús declara que ha explicado a Judas «los misterios del reino». Esta explicación no se halla en ninguno de los pasajes precedentes. Esta anomalía indicaría que el escrito original griego contenía pasajes no traducidos por el traductor o abreviador copto.

Dijo Judas:
«Maestro, ¿acaso incluso mi simiente está sometida a los arcontes?».

Respondió Jesús y le dijo:

«Acércate y yo [...]

[...]

sino que te afligirás mucho al ver el reino y toda su generación».

Cuando oyó estas palabras, Judas le dijo:

«¿Qué es esta cosa excelente que he recibido? Pues me has separado de aquella generación».

Jesús respondió y dijo:

*«Tú serás el decimotercero y serás acusado por el resto de las generaciones, y llegarás a dominar sobre ellos. En los últimos días reprobarán tus ascensiones a la santa generación. (***Pág. 46.***)*

Comentario

El término «simiente» es utilizado en este texto en su sentido bíblico, e indica una descendencia o un grupo humano: «la simiente de Abraham» son los descendientes de Abraham. Judas pregunta, pues, si la «generación santa», los elegidos, está sometida a los poderes que gobiernan el mundo inferior, sean poderes maléficos o simplemente ignorantes (véase el pasaje de Ireneo de Lyon citado en la página siguiente).

El término «arcontes» es técnico en el gnosticismo, y designa a los poderes, príncipes o potestades del mundo inferior. En los escritos cristianos canónicos se usa tanto para designar a las autoridades civiles como a las potestades cósmicas: *Porque la lucha nuestra no es contra hombres de carne y hueso, sino la del cielo contra las soberanías, contra las autoridades, contra los jefes que dominan en estas tinieblas, contra las fuerzas espirituales del mal*. (*Efesios* 6, 12). La expresión «reino» que se halla en la respuesta de Jesús remite también a los poderes de este mundo inferior.

El diálogo entre Jesús y Judas precisa la distinción esencial entre las dos «generaciones», la terrenal y la santa. Judas pertenece a esta última. La respuesta de Jesús vuelve al hecho de la sustitución de Judas por otro apóstol a raíz de su «traición», y denomina a Judas nuevamente «el decimotercero», es decir, el que inaugura una nueve serie de discípulos que se sobrepondrá a la de la generación anímica: *llegarás a dominar sobre ellos*. El último inciso de la respuesta de Jesús podría ser una alusión del autor a las disensiones internas de las comunidades cristianas, en las cuales los gnósticos estaban integrados. Los «eclesiásticos» acusaban a los gnósticos de «soberbia» y de gloriarse de un conocimiento superior:

> Perpetran muchas otras acciones odiosas e impías, y a nosotros, que por temor de Dios nos guardamos de pecar incluso con el pensamiento y la palabra, nos insidian como a ignorantes que nada saben, mientras se exaltan a sí mismos, llamándose perfectos y simiente de elección. (Ireneo de Lyon, *Adversus Haereses* I, 6, 3.)

2. *La revelación del Dios trascendente*

Dijo Jesús:

«[Ven] a fin de que te instruya acerca de [los secretos] que ningún ser humano ha visto nunca».

Existe, en efecto, un grande e infinito eón cuya magnitud jamás vio ninguna generación de ángeles y en el cual hay un gran espíritu invisible;

a este no lo vio el ojo de ningún ángel,

ni jamás lo comprendió el pensamiento de un corazón

ni nadie jamás lo llamó con un nombre. (**Pág. 47.**)

COMENTARIO

En este pasaje se inicia la verdadera revelación de los misterios divinos varias veces prometida a Judas en las páginas anteriores.

El primer capítulo de la revelación versa sobre el Primer Principio divino trascendente. La cabal comprensión de este texto y de los siguientes exige una exposición ordenada del sistema teológico al que pertenece el *Evangelio de Judas*, la gnosis en general y la corriente setiana en particular. He procedido a esta exposición en la Introducción General, bajo el epígrafe «Los primeros principios».

Pasemos a comentar esta parte del texto de nuestro *Evangelio de Judas*. La denominación «eón» es, como hemos visto, genérica en este tratado. En los textos gnósticos, en general, este término está reservado a los entes divinos superiores. En el pasaje que estudiamos, parece que el autor denomina «eón» a todo el conjunto del Mundo Espiritual Superior, dentro del cual en su comienzo se halla el Primer Principio trascendente.

Un pasaje de Ireneo sobre los valentinianos ofrece un ceñido paralelismo con el que comentamos:

> Había un eón perfecto, supraexistente, que vivía en alturas invisibles e innominables. Llámanlo Pre-Principio, Pre-Padre y Abismo. Y es para ellos inabarcable en su manera de ser e invisible, sempiterno e ingénito. (Ireneo de Lyon, *Adversus Haereses* I, 1, 1.)

Entre los documentos setianos, el más cercano a nuestro pasaje es el *Apócrifo de Juan*:

> La mónada es una monarquía sobre la cual no hay nada. Es el verdadero [Dios] y Padre del todo, [el espíritu invisible] que está por encima [del todo], el que existe en la incorruptibilidad, el que se halla en un pura luz que ninguna [mirada] puede sostener. Puesto que es el [espíritu] invisible, no conviene [pensarlo] como un dios o algo parecido, pues es más que un dios, ya que nadie hay por encima de él, ni nadie lo domina.
>
> Pues nada existe antes de él, ni él tiene necesidad de otras cosas. No necesita vida, pues es eterno. No tiene necesidad de nada, porque es ya imperfectible, de modo que no tiene ninguna carencia que lo haga

perfectible, antes bien en todo momento es una realidad perfecta y luminosa.

Es [indefinible], porque nadie lo [precede] para poderlo definir. Es inescrutable, porque nadie lo precede para [poderlo escrutar]. Es inconmensurable, porque nadie [lo precede para poderlo medir]. Es [invisible, porque] nadie lo ha visto jamás. [Es un eterno que existe eternamente]. Es [inexpresable], porque nadie lo abarca para poderlo expresar. Es innominable, porque [nadie lo precede] para poderlo nombrar.

[Es luz inconmensurable], simple, santa y [pura]. [Es absolutamente inexpresable]; (no) por el hecho de poseer incorruptibilidad, [perfección], felicidad y divinidad, sino porque sobrepasa todos estos (atributos). No es corpóreo ni incorpóreo, ni grande ni pequeño. Acerca de él no se puede expresar ni la cantidad ni [la cualidad], pues nadie puede [comprenderlo]. No es nada de lo que [existe, sino absolutamente superior, y aun no simplemente superior], sino que su ser no participa ni de los eones ni del tiempo. Pues el que participa [del eón] ha sido hecho anteriormente.

No ha sido determinado por el tiempo, ya que nada puede recibir de otro que sea determinante.

Efectivamente, [lo que se recibe es] un préstamo; ahora bien, el que existe antes que todo [no tiene necesidad alguna] que pueda ser satisfecha, pues este ser se contempla en su propia pura luz. Él es una grandeza, una grandeza sin medida. Es un eón principio de eón, una vida que da [vida], una felicidad que da felicidad, un conocimiento que da conocimiento, un bien que da bien, una misericordia que da misericordia y salvación, una gracia que da gracia, y no porque posee todo esto, sino porque da [una misericordia] inconmensurable e incorruptible. ¿Cómo te podría hablar de él? (*Apócrifo de Juan, Nag Hammadi* II,1, págs. 2, 27-4, 11.)

Examinemos ahora los términos del *Evangelio de Judas*. La expresión «Gran Espíritu Invisible» es la más común entre los setianos para designar el Primer Principio. *No lo vio el ojo de ningún ángel* insiste en el atributo de la invisibilidad. *Jamás lo comprendió el pensamiento de un corazón* implica los atributos de «indefinible» e «inescrutable». *Nadie jamás lo llamó con un nombre* indica el atributo «innominable».

De modo conciso, pues, nuestro autor ha consignado lo esencial de la doctrina setiana acerca del Primer Principio.

3. *La revelación del Segundo Principio*

Y en aquel lugar apareció una nube luminosa.

Y él dijo: que venga a existir un ángel como auxiliar mío.

Y un gran ángel, el autogenerado divino de luz, salió de la nube. Y a causa de él vinieron a la existencia otros cuatro ángeles procedentes de otra nube, y fueron los auxiliares del ángel autogenerado.

Dijo el autogenerado: que exista [...], y vino a existir [...]. Y creó el primer luminar para reinar sobre él.

Y dijo: que vengan a existir ángeles para servirlo. Y vinieron a existir en número incontable.

Y dijo: que exista un eón de luz, y existió.

Creó el segundo luminar para reinar sobre él, juntamente con un número incontable de ángeles para servir. Y de este modo creó el resto de los eones de luz. Y les concedió reinar sobre ellos, y creó para ellos un número incontable de ángeles para su servicio.

Y Adamás estaba en la primera nube luminosa, a la que nunca había visto ningún ángel entre todos los que son llamados así: «dios».

Y él [...] la imagen [...] y según la semejanza de [este] ángel. Y manifestó la incorruptible [generación] de Set [...] los doce [...] los veinticuatro [...] (**Páginas 47-49.**)

Comentario

La enseñanza de este pasaje corresponde a la doctrina acerca del que hemos denominado «cuarto estrato» en la exposición sistemática de la Introducción general.

La primera constatación es que el autor ha obviado dos momentos esenciales, el «segundo estrato» y el «tercero» aducidos por los demás documentos. Es decir, a pesar de haber mencionado a Barbeló (pág. 35, 18), el autor no explica el origen de este eón, cómo procedió del Primer Principio, y cuál es su función respecto a los principios subsiguientes. Es imposible dilucidar si esta deficiencia es imputable al redactor griego o al traductor copto. En todo caso, se trata de un defecto conspicuo. Y no es el único, como iremos viendo. Las páginas doctrinales de este Evangelio son de las más deficientes y caóticas de todo el corpus gnóstico. Hay que armarse de paciencia para desentrañarlas.

Tomemos un ejemplo. En la mayoría de textos gnósticos, la nube luminosa alude al pasaje de *Éxodo* 16, 10, en el que Yahvé aparece residiendo en una nube luminosa que viaja sobre los israelitas. Se refiere, pues, al demiurgo o creador de este mundo.

Pero hay otros textos en los cuales la expresión «nube luminosa» se refiere al Mundo Espiritual Superior. Veamos algunos de ellos:

> Se escondieron en un lugar no solo Noé, sino también muchos hombres procedentes de la raza inconmovible. Penetraron en un lugar donde se escondieron en una nube luminosa. Noé se percató de su suprema soberanía, y estaba junto a él la entidad luminosa que los había iluminado, pues el arconte había difundido oscuridad sobre toda la tierra. (*Apócrifo de Juan, Nag Hammadi* II, 1, pág. 29, 9-15.)

> Se manifestó en este lugar la nube de la gran luz, la potencia viviente, la Madre de las incorruptibilidades santas, el gran poder. (*Evangelio de los Egipcios, Nag Hammadi* III, 2, pág. 49, 1-3.)

> Cuando me hubo dicho todo esto, con gran celeridad y gozo subí con él a una gran nube luminosa.

> Abandoné mi figura sobre la tierra para que fuera custodiada por glorias. Y fuimos sustraídos, salvos, del mundo entero, y los trece eones que hay en él y sus seres angélicos no nos vieron y su arconte se vio trastornado a nuestro paso. Pues la nube luminosa [...] es superior a todo ser mundano; al ser inefable su belleza, ilumina. (*Zostriano, Nag Hammadi* VIII, 1, página 4, 21-31.)

> Entonces ellos (los descendientes de Set) serán como la nube de la gran luz. Vendrán aquellos hombres que habían sido enviados desde el conocimiento de los grandes eones y de los ángeles y se mantendrán en pie ante Noé y los eones. (*Apocalipsis de Adán, Nag Hammadi* V, 5, pág. 71, 10-15.)

En todos estos pasajes, la nube luminosa aparece después de la plasmación del ser humano, y está destinada a dar cobijo a la «raza inconmovible» o «indómita», es decir, a los que aquí son designados como la «santa generación». En ningún texto gnóstico la metáfora de la nube luminosa es empleada para designar realidades propias de los Primeros Principios. El *Apócrifo de Juan* (II, 1, pág. 4, 20-29) se refiere a un «agua luminosa«, uso bastante corriente en el contexto bautismal. Los estudiosos actuales no atinamos a dilucidar si el autor del *Evangelio de Judas* es audaz o simplemente inexperto.

El *Evangelio de Judas* prosigue:

Y él dijo: que venga a existir un ángel como auxiliar mío.

¿Quién es *él*? Ningún texto setiano atribuye directamente al Primer Principio la emisión del Autogenerado. Según hemos visto en nuestra exposición sistemática, entre el Primer Principio y el Autogenerado media un agente divino, Barbeló. Nuestro autor, que ha mencionado a Barbeló, la ignora aquí completamente y atribuye al Dios Trascendente una acción que compromete su trascendencia, cosa que todos los pensadores gnósticos han evitado cuidadosamente. Supongamos piadosamente que el autor del texto griego original lo tuvo en cuenta y que el traductor copto lo soslayó por su cuenta. Entendemos, pues, que el Principio denominado Barbeló es quien convoca a un ángel para auxiliar suyo.

En el judaísmo helenístico, el término «ángel» se emplea para designar la disposición creadora de Dios, el Logos. Así en Filón:

> Si se diera que alguien no es digno aún de ser llamado hijo de Dios, que se apresure a colocarse bajo las órdenes de su Logos primogénito, el más antiguo de los ángeles, un a modo de arcángel. (Filón de Alejandría, *De confusione,* 146.)

En la primera teología cristiana, fuertemente marcada por el judaísmo, es frecuente hallar a Cristo, al Verbo, denominado «ángel»:

> Tú que has sido revestido de fuerza por el santo Ángel, que has recibido de él el don de la plegaria, ¿por qué no imploras al Señor la inteligencia? (*El Pastor de Hermas,* V, 4, 4.)

> Acercaos a Dios y al Ángel que intercede por vosotros, pues él es el mediador entre Dios y los hombres. *(Testamento de Dan,* VI, 2.)

> Convenía en grado sumo que el más antiguo de los eones y primero de los arcángeles, para entrar en relación con los hombres, habitara en Adán, el hombre más antiguo y primero de la humanidad. (Metodio de Olimpo, *Banquete,* III, 4.)

Entre los gnósticos no es frecuente denominar «ángel» a las disposiciones del Segundo Principio divino, pero algo se puede cosechar. Un tratado filosófico de la rama setiana enseña:

> Entre los ángeles me manifesté (el *Logos*) a su semejanza, y entre los poderes como si fuera uno de ellos, pero entre los hijos de hombre como si fuese un hijo de hombre, aunque soy padre de cada uno. (*Pensamiento trimorfo, Nag Hammadi* XIII, pág. 49, 16-20.)

Y el *Apócrifo de Juan* (II, 1, pág. 8, 9) denomina a uno de los Luminares (formas del Logos) «ángel». En la mayoría de los tratados, los ángeles aparecen en plural y son descritos como auxiliares, ya de los agentes divinos, ya de los arcontes del mundo inferior.

Prosigue el texto:

Y un gran ángel, el autogenerado divino de luz, salió de la nube.

En cuanto al *Autogenerado: autogenés*, este personaje aparece constantemente en los textos setianos y en algunos otros que se les parecen. Veamos su comparecencia en nuestro libro de cabecera, el *Apócrifo de Juan*:

> El espiritu santo perfeccionó al divino Autogenes hijo [de] Barbeló para que se irguiera ante la magnitud y el invisible espíritu virginal como Autogenes divino, el Cristo, a quien él había honrado con voz poderosa y que se había manifestado por medio de la suprema inteligencia. El invisible espíritu virginal estableció al divino Autogenes como cabeza del todo y [como dios de la verdad], y le sometió todas las potestades, a fin de que comprendiera al todo. Este es el que ha sido llamado con un nombre que supera todo nombre. Este nombre será comunicado a los que sean dignos. (*Nag Hammadi* II, 1, pág. 7, 18-30.)

De acuerdo con esta doctrina común, el Autogenerado es «hijo» de Barbeló, se identifica con el Cristo y es establecido por voluntad del Primer Principio como «cabeza del todo», es decir, como principio de los sucesivos desarrollos del mundo espiritual.

El término *autogenés* significa literalmente «el que se genera a sí mismo». Ahora bien, este eón aparece como generado por Barbeló. La clave del nombre y, por ende, la explicación de esta aparente contradicción la ofrece un texto de los gnósticos denominados «peratas», próximos a los setianos:

> Lo primero es ingénito, esto es, bueno; lo segundo es el autogenés, también bueno; lo tercero es lo engendrado. (Hipólito de Roma, *Refutatio* V, 12, 3.)

Los setianos no simpatizaban con las metáforas generativas, tan libremente usadas por los valentinianos. Entre los seres divinos no se da «generación», sino «emisión». El término «autogenerado» indica una relación de procedencia distinta de la generación, que se da solo en el mundo inferior. El significado clásico de la palabra griega *autogenés* es, por otra parte, «genuino».

Prosigue el *Evangelio de Judas:*

Y a causa de él vinieron a la existencia otros cuatro ángeles procedentes de otra nube, y fueron los auxiliares del ángel autogenerado.

De acuerdo con la doctrina setiana común, el Autogenerado emite cuatro nuevos eones para que sean sus auxiliares en la producción del mundo espiritual subsiguiente:

Ahora bien, los cuatro luminares que provienen del divino Autogenes salieron de la luz, que es el cristo, y de la incorruptibilidad como un don del espíritu, a fin de mantenerse erguidos junto (al cristo).

Las cuatro potencias son: comprensión, gracia, percepción y prudencia. La gracia se halla junto al eón-luminar Armozel, que es el primer ángel. Con este eón hay otros tres eones: gracia, verdad, forma. El segundo luminar es Oriel, establecido sobre el segundo eón. Con él hay otros tres eones: intelección, percepción, memoria. El tercer luminar es Daveithai, establecido sobre el tercer eón. Con él hay otros tres eones: comprensión, amor, idea. El cuarto eón ha sido establecido sobre el cuarto luminar, Elelet. Con él hay otros tres eones: perfección, paz, Sabiduría.

Estos son los cuatro luminares que están erguidos ante el divino Autogenes. Y estos son los doce eones que están erguidos ante el hijo, el Autogenes, por el querer y el don del espíritu invisible. Los doce eones pertenecen al hijo, el Autogenes, y el todo fue consolidado precisamente por el querer del espíritu santo por medio del Autogenes. *(Apócrifo de Juan, Nag Hammadi* II, 1, págs. 7, 31-8, 29.)

Los nombres de los cuatro Luminares son prácticamente constantes en la tradición setiana. Cada uno de los luminares recibe como agregados otros tres eones, de modo que se configura una Dodécada de eones, estrictamente paralela de la Dodécada de la tradición valentiniana. En ambas escuelas, el último eón de la Dodécada es Sabiduría. En el *Evangelio de*

Judas no se consignan los nombres de los Luminares. En cambio, el eón Sabiduría aparece en su figura de Sabiduría inferior o caída (pág. 44, 3), y se insinúa su función en la producción del género humano. Pero aquí, que sería su lugar propio, no es mencionada.

Prosigue el texto:

Dijo el autogenerado: que exista [...], y vino a existir [...]. Y creó el primer luminar para reinar sobre él.

Y dijo: que vengan a existir ángeles para servirlo. Y vinieron a existir en número incontable.

Y dijo: que exista un eón de luz, y existió.

Creó el segundo luminar para reinar sobre él, juntamente con un número incontable de ángeles para servir. Y de este modo creó el resto de los eones de luz. Y les concedió reinar sobre ellos, y creó para ellos un número incontable de ángeles para su servicio.

Remedando las expresiones de la narración de la creación en el *Génesis*, nuestro autor emprende la noticia acerca de la producción de los cuatro Luminares. Da algún detalle sobre los dos primeros, y se limita a resumir la emisión de los dos restantes. A todos ellos los denomina «eones de luz», cosa bastante lógica tratándose de «luminares». Cada Luminar recibe como dotación una multitud de ángeles.

Prosigue el *Evangelio de Judas:*

Y Adamás estaba en la primera nube luminosa, a la que nunca había visto ningún ángel entre todos los que son llamados así: «dios».

Este Adán, o Adamás, (Adamante) es el arquetipo del Adán que será plasmado por los arcontes en episodios sucesivos. Mientras reside en la nube luminosa está oculto a los ángeles del mundo inferior. En un momento dado les será mostrada una imagen del hombre para que la copien. Nuestro autor aprovecha este inciso para recordar a sus lectores que estos ángeles reciben el nombre de «dios», que por tanto es genérico y no exclusivo de los seres espirituales superiores.

Los setianos enseñaban la presencia en el seno del Segundo Principio divino de un arquetipo del ser humano, tema solo insinuado en el valentinismo. He aquí el texto básico:

> El hombre perfecto, primera verdadera manifestación, procedió de la presciencia del perfecto intelecto por medio de la revelación del querer del espíritu invisible y del querer del Autogenes. El espíritu invisible lo denominó Adán y lo estableció sobre el primer eón con el gran Autogenes, el cristo, junto al primer luminar, Armozel, y sus potencias estaban con él. El invisible le otorgó una potencia intelectual invencible. Él habló ensalzando y bendiciendo al espíritu invisible y dijo: gracias a ti ha existido el todo, y el todo retornará a ti. Yo te alabaré y te ensalzaré, y al Autogenes junto

con los tres eones, el padre, la madre y el hijo, la perfecta potencia. (*Apócrifo de Juan, Nag Hammadi* II, 1, págs. 8, 30-9, 12.)

El *Evangelio de Judas* prosigue:

Y él [...] la imagen [...] y según la semejanza de [este] ángel. Y manifestó la incorruptible [generación] de Set [...] los doce [...] los veinticuatro [...]

Los cuatro Luminares representan el arquetipo del universo espiritual humano, de los hombres que participan del espíritu divino. El *Apócrifo de Juan* establece las correspondencias entre los Luminares y los tipos humanos:

> (Adán) estableció a su hijo Set sobre el segundo eón, junto al segundo luminar, Oriel. La simiente de Set fue establecida sobre el tercer eón, sobre el tercer luminar, Daveithai. Allí fueron depositadas las almas de los santos. En el cuarto eón fueron establecidas las almas de los que ignoraron el pleroma y no se apresuraron a arrepentirse, antes bien se demoraron un tiempo y después se arrepintieron. Estas quedaron junto al cuarto luminar, Elelet. (*Nag Hammadi* II, 1, pág. 9, 13-24.)

De acuerdo con esta doctrina, la frase del *Evangelio de Judas* que comentamos significaría que Adamás, el Hombre Primordial, fue producido a imagen y semejanza del Logos, el Ángel, y ocuparía el espacio del primer Luminar. El arquetipo de Set ocuparía el espacio del segundo Luminar. Nuestro Evangelio no menciona los arquetipos representados en los dos últimos Luminares, pero se puede suponer que corresponden también a los mencionados por el *Apócrifo de Juan*.

4. *La creación del mundo*

Manifestó setenta y dos luminares en la generación incorruptible según la voluntad del espíritu. Los setenta y dos luminares, por su parte, manifestaron 360 luminares en la generación incorruptible, según la voluntad del espíritu, para que su número fuese cinco para cada uno.

El padre de ellos consiste en los doce eones de los doce luminares, de modo que a cada eón le corresponden seis cielos, con lo cual hay setenta y dos cielos para los setenta y dos luminares, y para cada uno de [ellos cinco] firmamentos, [de modo que hay] 360 [firmamentos]. Se [les] dio potestad y una [gran e innumerable] hueste de ángeles para gloria y servicio. [...] también espíritus virginales para gloria y [servicio] de todos los eones y de los cielos y de sus firmamentos.

La multitud de aquellos inmortales es denominada cosmos, es decir, corrupción, por el padre y los setenta y dos luminares que están con el Autogenerado y sus setenta y dos eones. El hombre primordial se manifestó a partir del (Autogenerado) *con sus incorruptibles po-*

testades. El eón que se manifestó con su generación, el eón en el que se halla la nube de la gnosis y el ángel, es denominado El [...] (**Págs. 49-50.**)

En todos los sistemas gnósticos, a la exposición de la estructura del Segundo Principio divino sigue la narración del desprendimiento o caída del eón Sabiduría (es decir, el proceso de generación del Tercer Principio Divino), la explicación del origen de la materia a partir del elemento caído, la producción de un creador del mundo inferior, o demiurgo y la efectiva creación u ordenación de los cielos y de la tierra por este demiurgo. En el *Evangelio de Judas* se halla por completo ausente el ciclo del lapso de Sabiduría, fundamental en todo sistema gnóstico. Apenas si hemos podido espigar una breve alusión a la «Sabiduría corruptible» en la página 44, 4.

En el *Apócrifo de Juan* hemos visto cómo la Sabiduría es el último de los eones de la Dodécada constituida por los cuatro Luminares y sus eones. Al comentar el pasaje sobre la «Sabiduría corruptible» hemos aducido algunos textos clásicos que describen la caída de este eón. Ahora hay que dar por supuesto todo este ciclo y proseguir la narración en el momento en que el creador de este mundo se dispone a crear su parte superior, los cielos.

El *Evangelio de Judas* describe en primer lugar el modelo y luego la copia. El modelo o arquetipo se halla en los cuatro Luminares:

Manifestó setenta y dos luminares en la generación incorruptible según la voluntad del espíritu. Los setenta y dos luminares, por su parte, manifestaron 360 luminares en la generación incorruptible, según la voluntad del espíritu, para que su número fuese cinco para cada uno.

Observemos de entrada que aquí no se habla de cielos ni de firmamentos. Los luminares son los arquetipos de los cielos y de los firmamentos.

El punto de partida para comprender la estructura de esta creación son los doce eones de la Dodécada en la que se han subdividido los cuatro Luminares. El autor no explica en este primer pasaje cómo se pasa de doce a setenta y dos, pero suplimos este vacío con la explicación que ofrece la descripción de la copia en el párrafo siguiente: se trata de adscribir el modelo de seis cielos a cada eón. Entonces, multiplicando seis por doce se genera el setenta y dos. Tampoco explica por qué se adjudican cinco nuevos luminares a cada uno de los setenta y dos, pero nuevamente suplimos este vacío con el pasaje correspondiente de la descripción de la copia: se trata de los modelos de los cinco firmamentos. Setenta y dos por cinco, trescientos sesenta.

El párrafo siguiente explica cómo se desarrolla la copia partiendo de la estructura del arquetipo:

El padre de ellos consiste en los doce eones de los doce luminares, de modo que a cada eón le correspon-

den seis cielos, con lo cual hay setenta y dos cielos para los setenta y dos luminares, y para cada uno de [ellos cinco] firmamentos, [de modo que hay] 360 [firmamentos]. Se [les] dio potestad y una [gran e innumerable] hueste de ángeles para gloria y servicio. [...] también espíritus virginales para gloria y [servicio] de todos los eones y de los cielos y de sus firmamentos.

«El padre de ellos» se refiere al demiurgo, el creador de cielos y tierra. Así lo denominan los valentinianos:

> El demiurgo fue padre y dios de los seres exteriores al Pleroma, siendo creador de todos los seres psíquicos y materiales. Al separar las dos sustancias mezcladas y al formar seres corporales a partir de los incorporales, creó las cosas celestiales y las terrenales. (Ireneo de Lyon, *Adversus Haereses* I, 5, 2.)

La distinción entre «cielos» y «firmamentos» no es frecuente en los gnósticos, pero se halla en un texto que ofrece un notable paralelo con el que comentamos:

> Cuando se manifestaron los que he descrito, fueron creados para ellos por su padre, el totalmente generador, enseguida y primero, doce eones para servicio y los doce ángeles. Y en los eones hay seis cielos para cada uno, de modo que hay setenta y dos cielos de los setenta y dos poderes que se manifestaron desde él. Y en los cielos todos hay cinco firmamentos, de modo que hay trescientos sesenta firmamentos de los tres-

cientos sesenta poderes, que se manifestaron a partir de ellos. Cuando los firmamentos se completaron, se los llamó «los trescientos sesenta cielos», según el nombre de los cielos que les precedían. Y estos son todos perfectos y buenos, y de esta forma se manifestó la deficiencia de la femineidad. (*Eugnosto el Bienaventurado, Nag Hammadi* V, 7, págs. 84, 11-85, 8.)

El número 360 corresponde a los grados de la circunferencia y al año zodiacal astrológico. Es el cómputo más frecuente entre los gnósticos. Rara vez se menciona el año astronómico de 365 días, véase, por ejemplo, *Apócrifo de Juan* 19, 2.

El *Evangelio de Judas* prosigue:

La multitud de aquellos inmortales es denominada cosmos, es decir, corrupción, por el padre y los setenta y dos luminares que están con el Autogenerado y sus setenta y dos eones. El hombre primordial se manifestó a partir del (Autogenerado) *con sus incorruptibles potestades. El eón que se manifestó con su generación, el eón en el que se halla la nube de la gnosis y el ángel, es denominado El[elet].*

El mundo copia del arquetipo superior corresponde al que los griegos denominaron «cosmos», y está destinado a la extinción. Este carácter deficiente del mundo inferior está claramente expresado en el pasaje de *Eugnosto* citado anteriormente, *y de esta forma se ma-*

nifestó la deficiencia de la femineidad. La «fémina» es la Sabiduría inferior, denominada «corruptible» por nuestro Evangelio. «Deficiencia» (copto *schta)* es un término técnico de la gnosis, sobre todo valentiniana, para designar la imperfección de los seres espirituales posteriores al Primer Principio. Sabiduría Inferior, eón deficiente, produce un mundo deficiente. Lo produce a través del demiurgo, pero la causalidad principal sigue radicando en la divinidad.

El texto de nuestro Evangelio continúa diciendo que el eón superior, es decir, el Autogenerado, es denominado «El». En el manuscrito hay un espacio vacío de algunas letras después de este nombre. Conjeturo que en el original griego venía el nombre de «Elelet», de acuerdo con el pasaje del *Apócrifo de Juan* que ha resultado ser la fuente más directa de este texto:

> El cuarto eón ha sido establecido sobre el cuarto luminar, Elelet. Con él hay otros tres eones: perfección, paz, Sabiduría. *(Nag Hammadi* II, 1, pág. 8, 19-20.)

Sabiduría, el eón manifestado en orden a la producción de los mundos inferiores, radica en el ámbito espiritual del Luminar Elelet.

Prosigue el argumento de la creación del mundo:

dijo [...]: Que existan doce ángeles para reinar sobre el caos y [el infierno]. Y he aquí que de aquella nube se manifestó un [ángel cuyo rostro emanaba fuego, mien-

tras su figura estaba contaminada con sangre. Su nombre era Nebro, que se interpreta «apóstata». Otros lo llaman Yaldabaot. Otro ángel todavía vino de la nube, Saclas. Nebro creó seis ángeles, y Saclas, como auxiliares, y estos engendraron doce ángeles en los cielos; cada uno de ellos recibió una porción en los cielos.

Los doce arcontes hablaron con los doce ángeles: que cada uno de vosotros [...]
ángeles:
El primero es Set, al que llaman Cristo.
El [segundo] es Harmathot, que [...]
El [tercero] es Galila.
El cuarto es Yobel.
El quinto es Adonaios.
Estos son los cinco que reinan sobre el infierno, y en primer lugar sobre el caos. (**Págs. 51-52.**)

El que se expresa en este pasaje es el demiurgo, el dios creador. Nuestro gnóstico, como otros muchos autores de su entorno, mezcla varias tradiciones.

La primera es la que concierne a los ángeles-arcontes destinados a gobernar sobre las regiones inferiores del universo demiúrgico, la tierra y los infiernos. No olvidemos que los trescientos sesenta ángeles residen en los cielos, es decir, gobiernan las órbitas de las estrellas y de los planetas.

Los doce ángeles del demiurgo son mencionados por el *Apócrifo de Juan:*

Este es el primer arconte. Recibió de su madre una gran potencia, y se alejó de ella y abandonó los lugares en los que había sido creado. Se robusteció y creó para sí otros eones resplandecientes de fuego luminoso. Allí se halla todavía.

Se aferró a la necedad que lo habita y engendró potestades (*exousía*) para sí. El nombre del primero es Atot, que las razas humanas llaman [...]. El segundo es Harmas, que es [el ojo] de la envidia. El tercero es Kalila-Oumbri. El cuarto es Yabel. El quinto es Adonaiou, denominado Sabaot. El sexto es Caín, que las razas humanas llaman el sol. El séptimo es Abel. El octavo es Abrisene. El noveno es Yobel. El décimo es Armupiel. El undécimo es Melquiradonin. El duodécimo es Belias, que preside los abismos infernales. (*Nag Hammadi* II, 1, págs. 10, 20-11, 3.)

En este texto aparece la secuencia común del mito: primero surge el demiurgo principal, luego son producidos los demiurgos auxiliares. Nuestro Evangelio invierte los términos. Primero menciona los doce auxiliares y a continuación la aparición del demiurgo mayor:

Y he aquí que de aquella nube se manifestó un [ángel cuyo rostro emanaba fuego, mientras su figura estaba contaminada con sangre. Su nombre era Nebro, que se interpreta «apóstata». Otros lo llaman Yaldabaot.

Los escritos gnósticos abundan en descripciones del origen del primer demiurgo del mundo inferior. De momento nos contentaremos con la cita básica del *Apócrifo de Juan,* remitiendo para otros pasajes a la sección «Cosmología» de la Introducción General.

> Una vez hubo visto la obra deseada, esta se transmutó en la figura de un extraño dragón con rostro de león, de ojos resplandecientes como relámpagos. Lo arrojó lejos de ella y de aquel lugar a fin de que no lo viera ninguno de los inmortales, pues lo había creado en ignorancia. Lo envolvió en una nube luminosa y (lo) colocó en un trono en medio de la nube para que nadie lo viera excepto el espíritu santo que es llamado «la madre de los vivientes». Y le puso por nombre Yaltabaot. (*Nag Hammadi* II,1 pág. 10, 9, 19.)

El arconte Yaltabaot (otras grafías son Ialtabaot y Yaldabaot) es un producto irregular e informe de Sabiduría, el duodécimo eón del Autogenerado. En este sentido, nuestro Evangelio se expresa con precisión cuando dice que *de aquella nube se manifestó un ángel*. Esta nube es, como hemos visto, el conjunto del Mundo Espiritual Superior. Pero aquí aparece la segunda nube, la que era el vehículo de Yahvé sobre el pueblo de Israel en el desierto (*Éxodo* 16, 10). El demiurgo mayor, pues, se identifica con Yahvé.

Aduciré a continuación un pasaje del *Evangelio de los Egipcios* en el que se pondrá de relieve tanto el estrecho paralelo con el *Evangelio de Judas* como la extrema confusión que reina entre los grupos gnósticos respecto a las denominaciones de los arcontes del mundo inferior:

> Después de cinco mil años la gran luminaria Elelet dijo: «Gobierne alguno sobre el caos y el Hades». Y apareció una nube cuyo nombre es Sabiduría material [...] Ella miró hacia las regiones del caos [...] Y dijo el gran ángel Gamaliel al gran Gabriel, el servidor de la gran luz, Oroiael; dijo: «Un ángel salga para que gobierne sobre el caos y el Hades. Entonces la nube [...] en las dos mónadas, de las cuales cada una tenía una luz... trono que ella había colocado en la nube. Entonces vio Saclas, el gran ángel, al gran demon que está con él, Nebruel. Y llegaron a ser juntos un espíritu generador de la tierra. Generaron ángeles asistentes». Dijo Saclas al gran demon Nebruel: «Sean los doce [...]». (*Evangelio de los Egipcios, Nag Hammadi* IV, 2, páginas 56, 25-57, 22.)

A continuación, entre los «doce» aparecen los nombres de Harmas, Galila, Yobel y Adoneo.

De este pasaje, con algunas licencias, se puede deducir una secuencia mítica muy semejante a la del *Evangelio de Judas,* cuyos agentes son el eón Elelet, la Sabiduría inferior, los gobernadores del caos y del infierno, los grandes arcontes Saclas y Nebroel y los arcontes inferiores. Otros paralelos se han mencionado en la Introducción General.

El siguiente texto a examinar es el que ofrece la lista de los cinco arcontes «que reinan sobre el infierno y sobre el caos. A cuatro de ellos ya los hemos hallado en la tradición doctrinal setiana. El primero presenta dificultad:

El primero es Set, al que llaman Cristo.

El *Génesis* (4, 25) dice que Dios concedió a Adán y Eva «otra simiente», su hijo Set. Los gnósticos setianos se consideran descendientes de Set y por este motivo se denominan a sí mismos «la otra simiente».

La identificación de Set con Cristo es un tema corriente en la teología gnóstica. Baste citar un par de pasajes:

> Jesús el viviente y al que ha revestido el gran Set. (*Evangelio de los Egipcios, Nag Hammadi* IV, 2, página 64, 2.)

> Una vez hubo Adán conocido la semejanza de su propia presciencia, engendró la semejanza del hijo del hombre y le impuso el nombre de Set. (*Apócrifo de Juan, Nag Hammadi* II, 1, págs. 24, 32-25, 1.)

Ahora bien, la presencia de Set-Cristo entre los demonios que rigen el infierno es un dato absolutamente exclusivo de este Evangelio, y es imposible de explicar tanto desde la doctrina setiana común como del sistema del propio Evangelio. Opino que hay aquí un error, sea del autor griego, sea del traductor copto. Alguien se desorientó en el Mar de los Sargazos de los nombres de los arcontes gnósticos (véanse los textos de las págs. 164 y 166).

5. La creación del hombre

> *Entonces dijo Saclas a sus ángeles: Creemos un hombre a semejanza y a imagen. Ellos modelaron a Adán y a su mujer Eva, a la cual en la nube llaman Zoé. Pues en virtud de este nombre todas las generaciones lo buscan, y cada uno de ellos la llaman con estos nombres.*
>
> *Ahora bien, Saclas no [mandaba] [...] las generaciones [...]. Y el arconte le dijo: vivirás [tu] intervalo de tiempo con tus hijos.* (**Págs. 52-53.**)

Los gnósticos ofrecen interpretaciones literales del pasaje de *Génesis* 1,26: *Hagamos al hombre a nuestra imagen y semejanza*. Tanto los gnósticos como los eclesiásticos distinguían la creación «a imagen» y la creación «a semejanza».

El único procedimiento para nosotros de comprender la lógica de la secuencia expositiva del *Evangelio de Judas* es remitirnos a la doctrina común de los sistemas setianos, aceptablemente uniforme en el argumento de la antropología. Me remito, pues, a la exposición sobre la antropología gnóstica de la Introducción General.

Las grandes escuelas gnósticas distinguían cuidadosamente diversos momentos de la plasmación del hombre para dar razón de los tres tipos de ser humano: el espiritual, el psíquico y el material. Nuestro autor conoce estas distinciones, como hemos puesto de relieve repetidamente en el transcurso de este comentario, pero aquí se limita a una referencia omnicomprensiva, para la que podríamos aducir un pasaje gnóstico setiano:

> Y dijo a las potestades que estaban con él: «Venid, hagamos un hombre según la imagen de dios y según nuestra semejanza, a fin de que su imagen sea luz para nosotros». Y lo crearon por medio de sus respectivos poderes de acuerdo con las instrucciones que habían recibido. Cada potestad obró una marca distintiva en la figura de la imagen que él había entrevisto en su elemento psíquico. Creó un ser según la imagen del hombre primordial y perfecto, y entonces dijeron: «Pongámosle por nombre Adán, a fin de que su nombre sea para nosotros una luz poderosa». Las potestades iniciaron la obra. (*Apócrifo de Juan, Nag Hammadi* II, 1, página 15, 1-15.)

Otros textos setianos precisan el procedimiento por el cual el modelo espiritual fue puesto al alcance de los arcontes:

> La Incorruptibilidad miró hacia abajo, hacia las regiones de las aguas, y su semejanza se manifestó en las aguas. Entonces las potestades de la oscuridad la desearon, pero no fueron capaces de captar aquella semejanza que se les había manifestado en las aguas. *(Hipóstasis de los Arcontes, Nag Hammadi* II, 4, página 87, 12-17.)

La plasmación de Eva es también sutilmente elaborada por los gnósticos:

Entonces este quiso recuperar la potencia que había introducido en Adán, y extendió sobre él un olvido.

Entonces dije al salvador: «¿Qué es el olvido?». Él contestó:

No es como Moisés ha escrito y como tú has escuchado. Pues dice en su primer libro: «Lo hizo dormir». Esto significa en realidad que [el arconte envolvió sus sentidos con una especie de velo y lo agobió con una insensibilidad].

Entonces la intelección luminosa se escondió en Adán, y el primer arconte pretendió hacerla salir por su costilla. Pero la intelección luminosa es inaferrable; la oscuridad la perseguía y no la podía alcanzar. Entonces el arconte tomó una parte de la potencia de Adán y elaboró otra criatura en forma de mujer de acuerdo con la semejanza de la intelección que se le había manifestado. De esta manera transfirió la parte que había tomado de la potencia del hombre a la plasmación de una entidad femenina. Y no sucedió según dijo Moisés: «Su costilla».

Adán vio a la mujer junto a él, y al instante se manifestó la intelección luminosa disipando el velo que cubría su mente, y se purificó de la embriaguez de la oscuridad. Reconoció su semejanza y dijo: «He aquí hueso de mis huesos y carne de mi carne; por esto abandonará el hombre a su padre y a su madre y se unirá a su mujer y serán los dos una sola carne» (*Génesis* 2, 23). Efectivamente, le es ofrecida su cónyuge. Nuestra hermana, la Sabiduría, descendió con inocencia a fin de rectificar su deficiencia. Por esto es llamada Zoé, que significa «la madre de los vivientes». (*Apócrifo de Juan, Nag Hammadi* II, 1, págs. 22, 19- 23, 23.)

En el hermoso tratado setiano *El origen del mundo* (*Nag Hammadi* II, 5), la figura de Eva-Zoé aparece mucho más elaborada, puesto que se hace explícita su raigambre en el Mundo Espiritual Superior. Pero nuestro anónimo autor gnóstico tenía prisa, o se le acababa el papel, y se contentó con una breve insinuación.

6. *La descendencia de Adán*

De acuerdo con el esquema narrativo de lo demás tratados gnósticos, el *Evangelio de Judas* aborda ahora el tema del destino de la descendencia de Adán:

Dijo Judas a Jesús:

«¿Cuál será la duración de la vida del hombre?».

Dijo Jesús:

«¿De qué te extrañas? El hecho es que Adán, con su descendencia, recibió su intervalo de tiempo en el mismo lugar en el que recibió su reino, (intervalo) de magnitud idéntica a la de su arconte».

Dijo Judas a Jesús:

«¿Muere el espíritu del hombre?».

Dijo Jesús:

«Es por este motivo que dios ordenó a Miguel que los espíritus de los hombres les fueran otorgados a guisa de préstamo para que sirvieran. Ahora bien, la

Grandeza ordenó a Gabriel dar espíritus a la gran generación indómita —esto significa el espíritu y el alma—. Por este motivo, el resto de las almas [...] el espíritu que está en vosotros [que hicisteis que] habitara en vuestra [carne] entre generaciones de ángeles. Pero Dios hizo que la gnosis fuera concedida a Adán y a los suyos, a fin de que los reyes del caos y del infierno no señorearan sobre ellos».

Entonces dijo Judas a Jesús:

«¿Qué harán aquellas generaciones».

Dijo Jesús:

«En verdad os digo que los astros los llevarán a término a todos ellos. Cuando Saclas haya completado el intervalo de tiempo que le fue concedido, vendrá el primer astro de ellos con las generaciones, y lo que se había predicho se realizará. Entonces fornicarán en mi nombre y asesinarán a sus hijos y ellos [...]

en mi nombre, y él [...] tu astro sobre el decimotercero eón».

Después de esto, Jesús se [echó a] reír. Dijo Judas:

«Maestro, [¿por qué te ríes de nosotros?]».

Respondió [Jesús y dijo]:

«No me río [de vosotros], sino del error de los astros, porque estos seis astros erran con esos cinco combatientes, y todos estos serán destruidos con sus criaturas.»

Dijo Judas a Jesús:

«¿Qué harán los que han sido bautizados en tu nombre?».

Jesús dijo:

«En verdad te digo que este bautismo [...] mi nombre [...] (**Págs. 53-55.**)

El primer grupo pregunta-respuesta remite con toda seguridad a una exégesis de *Génesis* 5, 5:

> La duración de la vida de Adán fue de novecientos treinta años; después murió.

El único texto gnóstico que especula sobre este pasaje bíblico es, que yo sepa, el siguiente:

> Después de todo esto, los arcontes envidiaron a Adán, y de resultas desearon abreviar el tiempo de ambos, pero no pudieron, a causa de la fatalidad fijada desde el principio, pues los tiempos de cada uno de ellos habían sido limitados a mil años de acuerdo con el curso de los astros. Los arcontes, ciertamente, no pudieron hacer esto, pero cada uno de los malignos arrebató diez años, y este tiempo quedó en novecientos treinta años, que transcurren en dolor, debilidad y perplejidad. Desde aquel día la vida decayó de esta manera, hasta el fin de los tiempos. (*El Origen del Mundo, Nag Hammadi* II, 5, pág. 121, 12-28.)

El autor del *Evangelio de Judas* entiende que el intervalo temporal fijado para la humanidad adamítica es coextensivo con el imperio de los arcontes sobre el mundo inferior. Lo cierto es que es doctrina general, gnóstica y eclesiástica, que este mundo termina junto con esta humanidad.

El segundo grupo pregunta-respuesta reproduce, a vueltas con ciertas impurezas de lenguaje, la doctrina gnóstica común. En efecto, el arcángel Miguel es el primero de los que presiden la formación de los miembros del cuerpo humano según la versión larga del *Apócrifo de Juan (Nag Hammadi* II, 1, pág. 17, 30). En este sentido, se puede entender que es el agente principal en la formación del «hombre psíquico». Nuestro Evangelio utiliza aquí la palabra «espíritu» en el sentido genérico que hemos señalado líneas antes. Miguel otorga a los hombres el «espíritu vital», el alma, asumiendo la función del demiurgo de muchos otros textos.

Ahora bien, la función de Gabriel es mucho mejor especificada:

Ahora bien, la Grandeza ordenó a Gabriel dar espíritus a la gran generación indómita —esto significa el espíritu y el alma.

Así como Miguel es situado entre los ángeles-arcontes, Gabriel es colocado entre los Luminares del Autogenerado, esto es, en pleno Mundo Espiritual Superior. El *Evangelio de los Egipcios* (*Nag Hammadi* IV, 2, págs. 52, 23-53, 9) lo considera miembro del segundo Luminar. El tratado filosófico *Zostriano* es más explícito:

> Y por ello (el espíritu invisible) está con Gabriel, el dador de espíritu, para que cuando otorgue un espíritu santo lo selle con la corona. (*Nag Hammadi* VIII, 1, pág. 58, 20-25.)

Los seres humanos que han recibido el don del espíritu son los descendientes de Set, llamados también «la generación indómita o inconmovible». Citemos nuestro inevitable *Apócrifo de Juan:*

> Muy importantes son las cosas que has alcanzado con tu pensamiento, y difíciles de explicar a otros, a no ser los que pertenecen a la raza inconmovible, los que recibirán el espíritu de vida que vendrá con poder, los que se salvarán. (*Nag Hammadi* II, 1, pág. 25, 20-25.)

La denominación de «raza inconmovible» aparece en otros tratados setianos, como *La Segunda estela de Set, Hipóstasis de los Arcontes, Evangelio de los Egipcios, Apocalipsis de Adán* y *Zostrianos*.

En el texto del *Evangelio de Judas* aparece ahora una curiosidad literaria. En efecto, algún lector, probablemente del texto griego, comprendió que lo que aquí quería expresar el autor era la distinción clásica entre «espíritu» y «alma», y por esto añadió al ejemplar que estaba leyendo una nota marginal con esta precisión: *esto significa el espíritu y el alma*. La nota marginal pasó, como ocurría con frecuencia, al cuerpo del texto y así ha llegado hasta nosotros.

La parte textualmente comprensible del resto de la respuesta de Jesús abunda en el tema del espíritu, con la interesante aportación de que aquí es denominado «gnosis», conocimiento. En efecto, es doctrina gnóstica general, y sobre todo valentiniana, que el espíritu se identifica con el conocimiento. La posesión del conocimiento especifica a la generación de Set, la raza indómita, y la salva del dominio de los poderes de este mundo.

La tercera respuesta de Jesús es ya directamente escatológica. Jesús declara en primer lugar que las generaciones humanas pertenecientes al universo demiúrgico, los psíquicos y los materiales, están sujetas al dominio de los astros, es decir, al destino. Es de saber que entre los gnósticos no hay polémica antiastrológica, sino tan solo afirmación de que los espirituales se libran del destino astral.

Seguidamente, Jesús aborda la predicción del fin del mundo en términos parecidos a los de los apocalipsis de los Evangelios canónicos (*lo que se había predicho se realizará*): habrá un desencadenamiento de mal producido por los arcontes.

El último inciso, referente a Judas, viene textualmente incompleto, pero incide en una expresión que se ha repetido en este Evangelio: Judas como «decimotercero». Aquí el decimotercero es el eón de Judas, su arquetipo espiritual. Los «doce» representan el espacio demiúrgico. Más allá del doce, el trece representa el inicio del espacio espiritual, del mismo modo que más allá de la hebdómada —el siete—, el ocho representa el inicio de la obra de Jesús resucitado.

En el siguiente diálogo de esta sección, los editores han reconstruido los pasajes corruptos introduciendo los plurales «nosotros» y «vosotros» sobre la base de un sola «n» insegura en la línea 16. Antes de devanarnos los sesos para intentar dilucidar quiénes podrían ser estos varios interlocutores de Jesús, mejor aguardar la anunciada revisión del texto copto. A cada día su afán.

En la respuesta de Jesús se mencionan «seis astros», que son los correspondientes a los seis ánge-les auxiliares de Nebro reseñados en la página 51, 18. Al explicar que «erran», Jesús los está identificando con los astros errantes, es decir, con los planetas, de acuerdo con la tradición astrológica. Los «cinco combatientes» son los cinco que reinan sobre el infierno y el caos, mencionados en la página 52. Todos ellos serán destruidos al fin de los tiempos. Ireneo de Lyon, en su noticia sobre los cainitas, dice que la causa de la disolución de las realidades inferiores es el «misterio de la traición» de Judas.

El último diálogo de esta sección se refiere al bautismo. En el manuscrito, la pregunta de Judas es clara: *«¿Qué harán los que han sido bautizados en tu nombre?»*. Desgraciadamente, la respuesta de Jesús ha desaparecido por completo en una laguna de ocho líneas. Me limitaré, pues, a exponer algunas generalidades acerca del bautismo entre los gnósticos.

Los más condescendientes con el bautismo practicado en la iglesia psíquica eran los valentinianos. En los *Excerpta ex Theodoto,* 76-78, de Clemente de Alejandría, se enseña el valor general del bautismo cristiano, tanto para los psíquicos como para los espirituales, y a renglón seguido se establece la superioridad del conocimiento.

En cambio, entre los setianos se hallan grupos que rechazan el valor del bautismo de agua de la Iglesia. Así, por ejemplo:

> Algunos entran en la fe al recibir un bautismo sobre la base de que lo tienen como esperanza de salvación, al que llaman «el sello». Ignoran que los padres del mundo se manifiestan en aquel lugar [...] Porque el Hijo del Hombre no bautizó a ninguno de sus discípulos. (*Testimonio de Verdad, Nag Hammadi* IX, 3, pág. 69, 9-12.)

Más radical todavía se muestra uno de los escritos más dualistas del corpus de Nag Hammadi:

> Son engañados por muchas formas de démones, pensando que por medio del bautismo, con la impureza del agua, que es oscura, impotente, estéril y agi-

tada, ella limpiará los pecados. (*Paráfrasis de Sem, Nag Hammadi* VII, 1, pág. 37, 20-28.)

El *Evangelio de Judas* admite, como hemos visto, una salvación limitada para los pertenecientes al mundo anímico que hayan observado buena conducta. Coherente con esta doctrina sería la aceptación de un poder limitado del bautismo en nombre de Jesús (psíquico). Por el momento es todo lo que se puede decir.

III. El misterio de la traición de Judas

1. La teología de la traición

En verdad te digo, Judas, que [los que] ofrecen sacrificios a Saclas [...] dios [...]

toda obra mala. Pero tú los sobrepasarás a todos, pues sacrificarás al hombre que me reviste».

Ya se levanta tu cuerno
y se enciende tu ira,
tu astro transita
y tu corazón [...].

«En verdad [te digo]: Tus últimos [...]
el arconte que será destruido. Y entonces será enaltecida la figura de la gran generación de Adán, porque

aquella generación existe previamente al cielo, a la tierra y a los ángeles, procedente del eón.

He aquí que todo te ha sido revelado. Levanta tus ojos y contempla la nube y la luz que hay en ella y los astros que la rodean: el astro que hace de guía, este es tu astro».

Judas miró hacia arriba y vio la nube de luz y entró en ella. Los que se hallaban alrededor en la parte de abajo oyeron una voz que venía de la nube y que decía: [...] gran generación [...] imagen [...] (**Págs. 56-58.**)

Esta última sección aborda la interpretación narrativa de la acción de Judas.

Se ha producido otra pregunta de Judas, perdida para nosotros en la laguna que encabeza esta página. De la primera parte de la respuesta de Jesús solo se conserva una frase que remite a un tema ya tratado anteriormente (págs. 39-41): las generaciones de este mundo ofrecen sacrificios al dominador del mundo inferior, cuyo nombre, Saclas, no se mencionó en las páginas citadas, pero que ha sido revelado en la narración posterior.

Pero tú los sobrepasarás a todos, pues sacrificarás al hombre que me reviste.

Es doctrina gnóstica común que la humanidad de Cristo era algo sobrevenido y externo a su persona.

La enseñanza más clara se halla, como de costumbre, en los escritos valentinianos:

> Sostienen que recibió las primicias de aquellos a los que iba a salvar: de la Sabiduría inferior lo espiritual, del demiurgo se revistió del Cristo psíquico, de la economía recibió el cuerpo como vestido, poseedor de sustancia psíquica, construido con un arte secreto de modo que resultara visible, tangible y pasible. Pero nada en absoluto recibió de material, pues la materia no es capaz de salvación. (Ireneo de Lyon, *Adversus Haereses* I, 6, 1.)

Los setianos utilizan la misma metáfora del vestido:

> Yo (el Logos) me he revestido de Jesús. Lo he tomado del madero maldito y lo he establecido en los lugares en donde está su Padre, y no me han conocido los que vigilan sus moradas. (*Pensamiento Trimorfo, Nag Hammadi* XIII, pág. 50, 12-15.)

En las primeras páginas del *Evangelio de Judas* hemos constatado que el autor reconoce la dualidad personal de Jesús: hay un Cristo psíquico, hijo del demiurgo, y un Cristo espiritual, Hijo del Dios Supremo. El Cristo psíquico es descrito como un revestimiento del verdadero Cristo, el espiritual. La metáfora del vestido prepara la gran secuencia de los hechos: el Cristo espiritual se desprenderá de su vestido. Este desprendimiento tendrá lugar en la cruz, que afectará únicamente al Cristo psíquico. Un audaz teólogo gnóstico lo expresa en estos crudos términos:

> Jesús, que posee la vida y que vino a crucificar al que está bajo la ley. (*Evangelio de los Egipcios, Nag Hammadi* IV, 2, pág. 65, 18-19.)

Efectivamente, el Jesús psíquico estaba bajo la ley de su padre, el demiurgo-Yahvé. Su sacrificio en la cruz rescata a los psíquicos del dominio de los arcontes de este mundo. Jesús es consciente de esta obligación. Un escrito gnóstico de orientación valentiniana pone en boca de Jesús esta frase:

> Mira, en efecto daré cumplimiento a lo que me ha sido asignado sobre esta tierra como lo he dicho desde los cielos. (*Primer Apocalipsis de Santiago, Nag Hammadi* V, 3, pág. 29, 9-11.)

Judas se convierte en el auxiliar de Jesús en el cumplimiento del deber que le ha sido asignado, el de desprenderse del vestido que lo recubre. Ireneo de Lyon, que, como sabemos, conocía el *Evangelio de Judas*, resume este punto con su habitual perspicacia:

> Sostienen que Judas el traidor conocía con precisión estas cosas, siendo el único entre los apóstoles en poseer esta gnosis. Por esto obró el misterio de la traición, por el cual fueron disueltas todas las realidades terrenas y celestiales. (*Adversus Haereses* I, 31, 1.)

Para el evangelista de Judas, según Ireneo, el misterio de la cruz va unido al misterio de la traición, cuyo apóstol es el decimotercero, Judas Iscariote.

Para subrayar la solemnidad de la frase anterior, el autor introduce aquí los versos de un himno de acentos bíblicos pero de adscripción insegura:

Ya se levanta tu cuerno
y se enciende tu ira,
tu astro transita
y tu corazón [...].

Sigue una repetición del destino escatológico de los hombres espirituales, la gran generación de Adamás (no la del Adán psíquico), que existe de modo arquetípico en el Autogenerado.

El texto prosigue:

He aquí que todo te ha sido revelado. Levanta tus ojos y contempla la nube y la luz que hay en ella y los astros que la rodean: el astro que hace de guía, este es tu astro.

Judas miró hacia arriba y vio la nube de luz y entró en ella. Los que se hallaban alrededor en la parte de abajo oyeron una voz que venía de la nube y que decía: [...] gran generación [...] imagen [...]

Este pasaje es una prefiguración de la exaltación de Judas, el decimotercero y verdadero apóstol, el colaborador en el misterio de la salvación. Muchos tratados gnósticos consisten en revelaciones del Jesús resucitado, impartidas generalmente durante los cuarenta días posteriores a la resurrección. En este Evangelio, Judas recibe la revelación antes de la muerte y de la resurrección de Jesús. Solo en los *Apocalipsis de Santiago* y en el *Apocalipsis de Pedro* de Nag Hammadi se encuentra algo semejante.

El autor evoca de nuevo la nube luminosa mencionada en las páginas 47-48, que representa al Mundo Espiritual Superior en conjunto. Entre la multitud de los eones de este Mundo, denominados ángeles y astros, se halla el astro arquetipo de Judas, el colaborador en la pasión de Cristo. Este astro es el guía de los demás astros, los correspondientes a los seres humanos espirituales que se salvarán. Como su astro guía a los demás, también el decimotercero apóstol guiará a los poseedores del verdadero conocimiento en este eón.

El ingreso de Judas en la nube prefigura su exaltación definitiva al lado de Cristo glorioso. El autor remeda los pasajes de los Evangelios acerca del bautismo de Jesús, en el cual una voz vino del cielo (*Mateo* 3, 17 y paralelos), y de la transfiguración, en la que aparece una nube luminosa (*Mateo* 17, 5 y paralelos). El mensaje de la voz procedente de la nube se esfuma para nosotros en un laguna del manuscrito.

2. *La historia de la traición*

Los sumos sacerdotes murmuraron porque [él] había penetrado en la estancia para su plegaria. Pero había allí algunos escribas que estaban observando en orden a prenderlo durante la plegaria, pues temían al pueblo, ya que todos lo tenían por profeta. Y se acercaron a Judas y le dijeron:

«¿Qué estás haciendo aquí? Tú eres discípulo de Jesús».

Él les respondió según el deseo de ellos. Entonces Judas recibió dinero y lo entregó.

El Evangelio de Judas.

Esta secuencia debe considerarse completamente separada de las anteriores. Es posible que el original griego contuviera otros desarrollos del ciclo narrativo de Jesús, Judas y la pasión.

Ahora es el momento de analizar la figura de Judas desde las perspectivas literaria e histórica.

La figura literaria e histórica de Judas

El *Evangelio de Judas* pretende rectificar en un punto esencial la narración tradicionalmente recibida acerca de la traición del discípulo Judas. Examinaremos aquí en primer lugar las fuentes literarias concernientes a Judas y discutiremos luego la cuestión de la historicidad del personaje.

Judas aparece en los Evangelios sinópticos en la narración de la elección de los doce discípulos. El pasaje del *Evangelio de Marcos* (3,13-19) es el más antiguo y parece depender de un escrito griego anterior, pues los nombres de los discípulos aparecen en caso acusativo sin que ninguna razón sintáctica lo justifique. En los pasajes paralelos de *Mateo* (10, 2-4) y *Lucas* (6, 12-16) los nombres aparecen correctamente en nominativo. En el *Evangelio de Juan* no hay reseña de la elección de los doce.

En los Evangelios, estos seguidores escogidos son denominados «discípulos». La designación «apóstol» es probablemente una creación tardía, aunque alguna vez se introduce en los textos que, como sabemos, fueron redactados durante la segunda generación cristiana. La expresión «los doce» es común a todos los Evangelios.

En los tres Evangelios sinópticos Judas viene al final de la lista de los doce y es mencionado como «el que lo entregó» (*Marcos* y *Mateo*) o «que fue el traidor» *(Lucas)*.

Su nombre viene reseñado como «Judas Iscariote» (*Iskariôth*). No se ha podido dilucidar el significado de esta palabra. Sin embargo, el *Evangelio de Juan* lo llama en tres ocasiones (6, 71; 13, 2 y 26) «Judas el de Simón Iscariote». Si su padre se llamaba también Iscariote, es posible que la designación sea la de un nombre de lugar. Pero no sabemos cuál era este lugar.

La traición de Judas es mencionada por primera vez en el contexto de la narración de la pasión. Los textos de *Mateo* (26, 14-16) y *Lucas* (22, 3-6) son una ligera reelaboración de *Marcos* 14, 10-11:

> Y Judas Iscariote, uno de los doce, fue a los príncipes de los sacerdotes para entregárselo. Ellos, al oírlo, se alegraron y prometieron darle dinero. Y buscaba cómo entregarlo oportunamente.

En el *Evangelio de Judas*, la traición del discípulo Judas es presentada como una iniciativa del propio Jesús: *Sacrificarás al hombre que me reviste»* (pág. 56). Es Ireneo de Lyon quien nos informa de que estos gnósticos designaban esta obra como «el misterio de la traición».

El evangelista Juan borda libremente la tradición y crea los ingredientes más personales del ciclo de Judas. El primero de ellos es la acusación de latrocinio y avaricia. A raíz del episodio de la unción de Betania, Juan reseña:

> Uno de los discípulos, el que lo iba a entregar, Judas Iscariote, dijo: «¿Por qué razón no se ha vendido ese perfume por un dineral y no se ha dado a los pobres?». Dijo esto no porque le importasen los pobres, sino porque era un ladrón y, como tenía la bolsa, cogía de lo que echaban» (12, 5-6.)

También es Juan el que reelabora folletinescamente la concisa noticia de Marcos acerca del desvelamiento del traidor durante la última cena:

> Él [Juan], echándose familiarmente sobre el pecho de Jesús, le preguntó: «Señor, ¿quién es [el traidor]?». Contestole Jesús: «Aquel es a quien diere el bocado que voy a mojar». Y tomando el bocado, lo mojó y dio a Judas, hijo de Simón Iscariote. Y entonces, después del bocado, entró en él Satanás. Díjole Jesús: «Lo que vas a hacer, hazlo pronto». Ninguno de los que estaban a la mesa comprendió para qué le dijo esto. Algunos pensaron que, como Judas tenía la bolsa, Jesús le quiso decir: «Compra lo que necesitamos para la fiesta», o que diese algo a los pobres. (13, 25-29.)

La siguiente comparecencia de Judas se da en el episodio del Huerto de los Olivos. Los tres sinópticos, que habían reseñado que Judas fue a vender a Jesús a los príncipes de los sacerdotes, narran que Judas compareció en el huerto al frente de una turba armada de servidores de los sacerdotes (*Marcos* 14, 43-52 y paralelos). Juan, que no conoce el trato de Judas con los sacerdotes, da indicios de algo mucho más verosímil: Jesús y los suyos fueron sorprendido en una noche de luna llena por un destacamento de una cohorte (*speîra*) romana al mando de un tribuno (*chilíarchos)*. Los términos griegos son técnicos y no se prestan a confusión. Era congruente, por otra parte, suponer que los romanos tuvieron un informador.

En el Huerto de los Olivos tiene lugar uno de los episodios que más ha impresionado a las generaciones cristianas: el beso de Judas. Lo narran los sinópticos, no Juan. Dice Marcos:

> El traidor les había dado una señal, diciendo: «Aquel al que besare, ese es. Prendedlo y conducidlo con cuidado». Enseguida que llegó, se acercó y le dijo: «Maestro». Y lo besó. Ellos echaron mano de él y lo prendieron (14, 44-46).

Marcos y Lucas ya no vuelen a referirse a Judas. Mateo, en cambio, introduce una prolija narración del arrepentimiento de Judas, la devolución de los treinta siclos de plata y su ahorcamiento (*Mateo* 27, 3-10).

El *Libro de los Hechos* vuelve sobre el tema de Judas a raíz de la elección del sustituto del traidor en el grupo de los doce:

> Hermanos, tenía que cumplirse lo que el Espíritu Santo había predicho en la Escritura; lo que dice David acerca de Judas, que hizo de guía a los que arrestaron a Jesús. Era uno de nuestro grupo y colega en este servicio nuestro. Con la paga del crimen compró un terreno, se despeñó, reventó por medio y se esparcieron sus entrañas. El hecho se divulgó entre los vecinos de Jerusalén, y a aquel terreno lo llamaron en su lengua Hacéldama, o sea, «cementerio», porque en el Libro de los Salmos está escrito: «Que su finca quede desierta y que nadie habite en ella» (Salmo 69, 26). Pero dice también: «Que su cargo lo ocupe otro» (Salmo 109, 8). Por lo tanto, hace falta que uno que sea testigo de su resurrección se asocie a nosotros; uno de los que nos acompañaron mientras vivía con nosotros el Señor Jesús desde los tiempos en que Juan bautizaba hasta el día en que se lo llevaron al cielo. *(Hechos* 1, 16-22).

Es obvio que *Hechos* conoce una tradición distinta de la de Mateo y que sitúa la muerte del traidor bastante más tarde, puesto que la compra de un campo no era operación que se hiciera en pocas horas. En todo caso, ambas tradiciones concuerdan en la muerte violenta e ignominiosa del traidor.

La última página del *Evangelio de Judas* ofrece una versión distinta y poco coherente del prendimiento de Jesús y de la traición de Judas:

Los sumos sacerdotes murmuraron porque [él] había penetrado en la estancia para su plegaria. Pero había allí algunos escribas que estaban observando en orden a prenderlo durante la plegaria, pues temían al pueblo, ya que todos lo tenían por profeta. Y se acercaron a Judas y le dijeron:

—¿Qué estás haciendo aquí? Tú eres discípulo de Jesús.

Él les respondió según el deseo de ellos. Entonces Judas recibió dinero y lo entregó. (Pág. 58.)

El que había penetrado en el templo para su plegaria es evidentemente Jesús. Los sumos sacerdotes, que han quedado muy mal parados en el cuerpo del *Evangelio de Judas*, se manifiestan enemigos de Jesús. El autor atribuye a los escribas la maquinación para arrestar a Jesús aprovechando su presencia en el Templo. Pero no se atrevieron debido a que el pueblo lo respetaba y lo tenía por profeta. Esta actitud popular viene reseñada en los sinópticos y en Juan. Lucas usa una expresión idéntica a la del *Evangelio de Judas*: «Tenían miedo al pueblo» (22, 2). Juan desarrolla el tema en varios episodios (7, 30-51). Debido a este temor al pueblo, el prendimiento de Jesús no tiene lugar en el Templo.

Entonces, prosigue el *Evangelio de Judas,* los escribas reconocen a Judas como «discípulo de Jesús» y le proponen la traición.

No es fácil explicar por qué, en un texto escrito en encomio de Judas, se reseña que recibió dinero por su traición. El autor piensa probablemente que también este acto forma parte del «misterio de la traición», y que como tal fue anunciado por el profeta Jeremías: «Tomaron las treinta monedas de plata, el precio del que fue vendido» (*Jeremías* 32, 6). *Mateo* (27, 9) cita esta profecía.

«Y lo entregó.» El autor quiere dar a entender que Judas reveló el lugar donde podían hallar a Jesús fuera del alcance del pueblo. Desconocemos en absoluto si reconoce los episodios del Huerto de los Olivos.

El *Evangelio de Judas* no contiene ninguna afirmación directa de la supervivencia de Judas o de un magisterio de Judas posterior a la resurrección de Jesús. El *incipit* dice claramente que la revelación recogida en este tratado concluyó «tres días antes de la Pascua»:

> Tratado Secreto acerca de la revelación que Jesús confió a Judas Iscariote en una conversación que sostuvo con él durante ocho días [y que concluyó] tres días antes de que él celebrara la Pascua.

Hay, sin embargo, un indicio indirecto de que Judas estuvo activo después de la resurrección de Jesús, como maestro de los «elegidos». Se trata de las referencias proféticas de Jesús a la sustitución de Judas por otro discípulo en el grupo de los doce. La principal es la siguiente:

> Otro ocupará tu lugar, a fin de que los doce [discípulos] se completen ante su dios. (Pág. 36.)

He citado antes el pasaje de *Libro de los Hechos* acerca de la muerte de Judas. El texto prosigue:

> Pero dice también: «Que su cargo lo ocupe otro» (Salmo 109, 8). Por lo tanto, hace falta que uno que sea testigo de su resurrección se asocie a nosotros; uno de los que nos acompañaron mientras vivía con nosotros el Señor Jesús desde los tiempos en que Juan bautizaba hasta el día en que se lo llevaron al cielo.
>
> Propusieron a dos: a José apellidado Barsabás, de sobrenombre Justo, y a Matías. Luego rezaron así:
>
> —Señor, tú penetras el corazón de todos; muéstranos a cuál de los dos has elegido, a fin de que en este servicio apostólico ocupe el puesto que dejó Judas para marcharse al que le correspondía.
>
> Echaron suertes, le tocó a Matías y lo asociaron a los once apóstoles. (*Hechos* 1, 20-26).

La frase de Jesús en el *Evangelio de Judas* implica una total rectificación de la narración de este texto canónico. En efecto, la frase solo tiene sentido si Judas sigue vivo después de la ascensión de Jesús. El episodio de su muerte es considerado falso. Nuestro autor reconoce que los apóstoles se reunieron y expulsaron a Judas de su comunidad, pues desconocían los motivos superiores por los cuales Judas entregó a Jesús a su destino. A partir de este momento divergen los caminos de Judas y de los doce. Estos dirigirán la comunidad de los fieles del dios creador inferior, que recibe el nombre de «iglesia». El texto lo dice claramente: «A fin de que los doce [discípulos] se completen ante su dios». Judas será el maestro de los pertenecientes al Mundo Espiritual Superior, los gnósticos. Su astro es el que hace de guía (pág. 57, 20). Su enseñanza es la que está recogida en el *Evangelio de Judas*.

Aludiendo a este hecho, Jesús denomina a Judas proféticamente «el decimotercero» (págs. 44 y 46), reconociendo, por una parte, la permanencia futura de los doce, y por otra parte la función de Judas como inicio de un nuevo apostolado, el de los elegidos.

Hasta aquí el análisis de los textos tal como se presentan en los testimonios literarios. Queda por dilucidar el valor histórico de estas tradiciones. Lo haré brevemente, remitiendo para más desarrollos a mi obra *La sinagoga cristiana* (véase la Bibliografía), donde me extiendo acerca del género literario de los Evangelios.

Otorgo a la narración de la pasión de Jesús el mismo trato histórico y crítico que a las narraciones referentes a otros fundadores religiosos, y considero que se trata de una pieza legendaria, que, sin embargo, contiene retazos de historicidad.

Jesús fue condenado a *mors aggravata* por Poncio Pilato por un delito de *laesa maiestas populi romani*, es decir, por sedición. Junto con él fueron ajusticiados otros dos sediciosos, quizá del mismo grupo; no había tantas sediciones en la época. La responsabilidad de los judíos de Jerusalén, si es que la hubo, solo pudo ser indirecta y por omisión. Pilato se hallaba en muy malas relaciones con las autoridades judías de Jerusalén, de modo que una colusión en un asunto de esta envergadura resulta impensable. Al prefecto le sobraban motivos para crucificar a Jesús y a los suyos: habían sido sorprendidos *noctu* con las armas en la mano. Ahora bien, desde época muy temprana, los seguidores del mesías Jesús tergiversaron para hacer recaer la responsabilidad de su condena sobre los judíos de Jerusalén, exonerando a Poncio Pilato. La narración de los cuatro Evangelios primordiales es unánime en este punto, y el *Libro de los Hechos* insinúa ya la nueva patraña: «Jesús de Nazaret, al que vosotros crucificasteis» (4, 10).

Sobre este fondo histórico es también verosímil el choque violento en el Huerto de los Olivos entre la facción encabezada por Jesús o por Pedro y un destacamento de una cohorte romana. El resto de la narración debe considerarse legendario.

El discípulo Judas, como otros discípulos mencionados en los Evangelios, forma parte de la leyenda. Los episodios de su traición se diluyen en la nebulosa de la pugna que ya durante la primera generación cristiana enfrentó a los cristianos helenizantes con los judíos de Jerusalén. Judas, cuyo nombre significa judío, no pudo traicionar a Jesús porque, probablemente, no existió.

Apunte bibliográfico

Literatura extracanónica en general:

DÍEZ MACHO, A. (dir.): *Apócrifos del Antiguo Testamento*, Cristiandad, Madrid, 6 vols. hasta 1980; reedición y continuación a cargo de A. Piñero y otros, 2004-.

KOESTER, H.: *Ancient Christian Gospels,* SCM Press, Londres, 1990.

PIÑERO, A.: *El otro Jesús: vida de Jesús según los Evangelios Apócrifos,* El Almendro, Córdoba, 1993

SANTOS OTERO, A. DE: *Los Evangelios Apócrifos*, Biblioteca de Autores Cristianos, Madrid, 2001.

Literatura gnóstica:

MONTSERRAT TORRENTS, J.: *Los gnósticos,* 2 vols., Gredos, Madrid, 1983 (fuentes griegas de los siglos II y III).

—, *Textos gnósticos. Biblioteca de Nag Hammadi*, edición de A. Piñero, J. Montserrat y F. García Bazán. Vol. I: *Tratados filosóficos y cosmológicos*. Vol. II: *Evangelios. Hechos. Cartas*. Vol. III: *Apocalipsis y otros escritos,* Madrid, Trotta, 1997-2003.

VIDAL MANZANARES, C.: *Los evangelios gnósticos,* Edaf, Madrid, 2004.

Acerca de los gnósticos:

BERMEJO, Fernando: *La escisión imposible. Lectura del gnosticismo valentiniano,* Universidad Pontificia de Salamanca, 1998.

JONAS, Hans: *La religión gnóstica. El mensaje del Dios Extraño y los comienzos del cristianismo,* Siruela, Madrid, 2000.

ORBE, Antonio (ha sido uno de los grandes estudiosos de la gnosis. Me limitaré a citar dos piezas de su inmensa obra): *Estudios Valentinianos,* 5 vols., Universidad Gregoriana, Roma, 1956-1966.

—, *Introducción a la teología de los siglos II y III,* Universidad Gregoriana, Roma, 1988.

PAGELS, Elaine: *Los evangelios gnósticos,* Crítica, Barcelona, 1982.

PÉTREMENT, Simone: *Le Dieu séparé. Les origines du gnosticisme,* Cerf, Paris, 1984.

RUDOLPH, K.: *Gnosis,* T. T. Clark, Edimburgo, 1983 (versión inglesa).

—, *The Gospel of Judas*, edited by Rodolphe Kasser, Marvin Meyer and Gregor Wunst, with an additional commentary by Bart D. Ehrman, National Geographic, Washington, 2006, 185 págs.